心理臨床家のあなたへ

ケアをするということ

KAITO Akira
皆藤 章 編著・訳

アーサー・クラインマン「現前性（プレゼンス）」収録

福村出版

心理臨床家のあなたへ――ケアをするということ

普遍への道はいつも、かけがえのない個の経験からしか開かれない。*

若松《わかまつ》 英輔《えいすけ》

まえがき

およそ四十年前、心理臨床家になる決心をした。以来、多くのひとの語りを聴き、そのひとの在《あ》りように、「生きること」に、想いを馳せてきた。そうしたわたしの「生きること」への関心は、必然的にわたし自身の在りように想いを馳せることにもなっていった。河合隼雄《かわいはやお》との教育分析を中心に、長いこころの彷徨が続いた。

二十年前、あるひととの出会いから、心理臨床家として生きていける手応えを得て、一書を世に出した(1)。それから二十年、わたしの心理臨床はおのずとある方向をまなざし始めていまに至っている。意図的なことではなかった。何らかのコンステレーションの下にあったことである。元型的事態だったと言うこともできる。

この間、不断に考えてきたのは、「心理臨床家にとってもっともたいせつなことは何なのか」という、ごく素朴だが本質的なテーマであった。語りを聴くなかで次第にたしかになっていったことは、それは知識の修得でもなければ科学的パラダイムでもないということであった。わたしにとってそれは、何と言っても「ひとを知る」ことに尽きると確信するようになった。

「ひとを知る」。こう表現するときの「知る」は、たんに知識の次元を意味するのではない。さまざまな疾患や障害について知るのであれば、書物を手にすればよいであろう。そのような、いわば「事実を知る」次元ではなく、目の前に生々しく呼吸するそのひとの「生きる」を「知る」こと、それがわたしにとってもっともたいせつなことになっていった。たとえば、そのひとが発達障害であると知ったとしても、そのひとの

「生きる」を知ったことにはならない。唯一無二のそのひとの人生を知ることが、「生きる」を知ることだからである。また、そのひとの疾患を知って、健康へと向かう方法論を心理臨床の営みは確立できているとは言えない。ひとは個々それぞれの人生を生きているのであって、同一の人生を生きているひとなどいないのである。ただ、ひとに共通しているのは、自身の意図ではないにもかかわらず、この世に生を受け、そしてかならず死に至る。このことだけである。

したがって、生と死のあわいに生きるひとそれぞれの人生を知る心理臨床の営みは、そのひととの関係のなかで、生きている時代性を背景にしながら、さまざまな色彩を帯びることになる。では、そうした心理臨床の営みにおいて、心理臨床家としてもっともたいせつな、ひとの「生きる」を「知る」こと。そのために必要な、心理臨床家の在りようとは何なのだろうか。本書はこのことについて、わたしが心理臨床経験をとおして感じ、考えてきたことを伝えるものである。

本書は三部構成になっている。まず、これまで心理臨床の場に身を置いた体験から学んだことを中心に、心理臨床家の感性について事例を中心に語った第Ⅰ部、次いで、先に述べた二十年前のあるひととの出会いとそのひとの「生きる」を振り返り、その上で二十年後のいま、そのひとと語り合った内容を伝える第Ⅱ部、最後にいまの心理臨床の中心となっている慢性疾患（不治の病い）を抱えて生きるひととの関わりについて、事例をとおして論じた第Ⅲ部である。

本書が、読み手にもたらされた出会いのときをつぶしてしまわないよう、出会いのときが意味あるかけがえのない瞬間として生きるような、そうした体験の微風を読み手に届けることができれば、真に幸いである。

心理臨床家のあなたへ―ケアをするということ 目次

第Ⅰ部　心理臨床家の感性

第1章
いのちのときを生きる営みとしての心理臨床

はじめに

「心理臨床」。心理療法の世界に生きるひとにとってその語感にはかけがえのないものが息づいている。わたしはそれをたいせつにしていこうと覚悟している。というのは、このことばが弄ばれてきた歴史を実感するからである。こころを探求する学問である心理学のその誕生から現在までを、そして隣接する諸学問領域への影響を俯瞰《ふかん》してみれば、「心理臨床」ということばがその本来の字義の濃度よりもはるかに薄く用いられていることを見て取ることができる。そして、この語を含む「臨床心理学」「心理臨床学」といった学問名称にはもはや「心理臨床」の語感が鳴動する在りようをみることはできないことを痛感する。

心理臨床。それは「出会い」を生きるいのちの営みである。このような実感を確信的に抱くようになったのは、医療人類学の世界的権威で、ハーバード大学教授のアーサー・クラインマン（Arthur Kleinman）との出会いに拠る[1]。わたしは、クラインマンとわたしの、それぞれ固有の人生を生きた営みが伏流水となってふたりの出会いのときがもたらされたと確信している。出会いの当時、クラインマンはアルツハイマー病を生きる最愛の夫人ジョアンのケアにこころを尽くしていた。またわたしは、糖尿病という不治の病いを抱えて生きるひとに心理臨床家として寄り添う在りようにこころを尽くしていた。それは、死に逝くひとの「生きる」意味を考えるという、わたしが心理臨床家を志した原点に遡及する途上のときでもあった。このようなふたりが出会ったとき、交わされたやりとりの仔細、そしてクラインマンの人生の軌跡については、既述されている。(2) ふたりの出会いにはお互いの人生が大きく与《あずか》っていた。心理臨床の営みにはつねに出会いがあり、その出会いを生きることが、わたしの心理臨床の在りようを成す。そう確信するまでの四十年余の間、わたしを培ってくれた多くのひとたちへの感謝はことばでは言い表わせない。(3) わたしにとって、まさに、出会いを生きるいのちの営みは人生そのものである。

自然科学を志していたわたしが心理臨床の世界に身を置くようになったのも、「心理臨床」ということばとその字義を語った河合隼雄との出会いがきっかけだった。当時わたしは、ある親子の壮絶な関係になかば巻き込まれていた。科学では理解できない人間的事態に出会い、どうすることもできずに無力感を募らせる、そんな日々が積み重なっていた。自己の未来も見えなくなっていた。そんなとき、河合隼雄に出会った。「心理臨床とは床に臨むと書きますが、この場合の床は死の床を意味しています。つまり心理臨床の原義は、死に逝くひとの傍らに臨んでそのたましいのお世話をすることです」。不思議な温度でわたしのこころに届いてきた。わたしにとってこの語りは、静謐《せいひつ》かつ厳粛で、そして包み込むような温かさを感じさせる体験だった。以来、河合隼雄を師と仰いで、ただただ心理臨床の道を歩んできた。さして秀でたものがあるわけでもないわたしにとって、残された最後の道だった。以来、多くのひとの語りに、心理臨床の場で出会ってきた。

1　生きる背景としての時代性

語り手の語りは聴き手の「聴く」によってその意味を微細に変化させる。ときに語り手の含意が彼方に置き去りにされてしまったり、またときには自分の語りのなかに語り手自身が新たな意味を発見したりする、そのような関係のなかで、長い間、呼吸してきた。息苦しくなったときは季節感を味わったり自然の声に耳を傾けたりもしてきた。そのような人生は、あらゆることが出会いであって、その出会いを生きるいのちの営みであった。語りを聴く営みと、それを自身にリフレクトさせて「生きる」を考える体験との往還。わたしの四十年はそうした内向的人生であった。多感なころ、悩みやストレスに苛《さいな》まれたとき、それをなんとかしようとしたわたしが求めたのはひとではなかった。書物の世界に浸りきることによって、ときを生きてきた自分がいる。わたしは書物との出会いを生きていた。ただひたすら小説の世界に耽溺《たんでき》していた。この、書物との出会いを生きた体験は、現在のわたしのいのちの深みに静かに息づいている。わたしはその声を自身の文章の行間に聴くことがある。それは、自分自身の「生きる」に向き合う姿でもある。

およそ半世紀の間に時代・社会の在りようも大きく変容した。いったい、現代社会に生きるひとたちは、日々、どのような想いでくらしているのだろう。もちろん、個々それぞれだろう。しかし、日常生活が順風満帆で生き生きとしているひとはどれほどいるのだろう。そんなことを、しばしば思ってしまう。息苦しさを感じる時代だ。家族関係における虐待やＤＶなどの深刻な暴力、学校現場におけるいじめや不登校、自死、あるいは教師による犯罪、ストレスフルな仕事によるうつ状態、予期せぬ事故や事件さらには自然災害に巻き込まれる悲惨、老老介護ということばに象徴される高齢者の介護を巡る苦悩、死に逝くひとの尊厳に関わるさまざまな問題などなど、新聞やテレビではそうした話題に事欠かない。事件性はなくても、インターネットにはそうしたことに関わる情報が溢れている。暴力性の現代という表現はけっして誇張ではない。現代人は日々、暴力性の顕現に出会っている。このような現代にあって、ひとはどのようにいのちのときを営んでいるのだろう。語りの背景に息づく時代性である。

現代の若者はどうしているのだろう。溢れる情報の海に否応なく漕ぎ出さなければならないこの時代に体験される悩みやストレスは、わたしの時代とは質を変えているのだろうか。大学生は書物を読まなくなったとよく言われる。ネット社会の申し子たちは、仮想空間に想いを発信し、情報を受信し、ときを生きる。その内容はいうまでもなく、ことばの使い方からしてかつてとは異なる。しかしわたしは思うのだが、かつてもいまも、出会いを生きているという意味では同じなのではないか。

2　出会いを生きる

人生には、おそらく無数の「出会い」が積み重なっていく。けれども、「出会い」と「出会いを生きる」とは、決定的に違う。出会うだけなら、それはすべてのひとに訪れるだろう。ひととの出会い、書物との出会い、自然との出会い……。しかし、その出会いを自身の人生にいかに活かそうとするのか。そこにひとの「生きる」が現れてくる。その「生きる」在りようは時代によって異なる。いま、ひとの「生きる」在りようは、過去に例のない状況になっている。病いや死との出会いを想起すればよいだろう。もちろん、生の苦悩は比較の問題に帰せられるものではないことは十分に承知している。ひとはいつのときであっても、未知の出会いに遭遇し、その出会いを生きるからである。しかしながら、未曾有の在りようを見せる現代において、その在りように、心理臨床がどのように向き合い、寄り添い、息づいていくのかを想うとき、心理臨床家の使命はきわめて大きく重いと感じるのである。

ひとは、誰かと、何かと出会ったとき、その出会いに責任を果たさねばならない。出会いと向き合い、出会いを生きる。それが、責任を果たしていくということだ。それが、心理臨床の場で教えられたことであり、わたしにとってもっともたいせつな学びだった。クラインマンのことばを借りれば、心理臨床家が為すべきことは、そうした「生きる」の「道徳的・人間的証人 moral witness」として心理臨床の場に居続けることである。(4) 心理臨床家は語り手の「生きる」の「証人 witness」となるのである。

「出会いを生き、その出会いの責任を果たす」。それはわたしを創り、人生を創っていく。このように思うと、「縁」ということばがこころに浮かんでくる。そう、「出会いを生き、出会いの責任を果たす」とは、出会った「縁」を自身の人生のなかに活かしていくプロセスなのだ。

およそひとはひとと関わり合うことなしに生きていくことなどできはしない。けれども、「生きる」とは不思議なもので、関わり合うことで辛く苦しい思いに駆られることもある。そのとき、その思いを抱えながら、ときにこころ許せるひとと語り合うなかで自分自身に向き合い、自身の内に湧き上がる想いに触れ、そうして自分自身を体験し人間というものの在りようを味わっていく。人生というのは、そのようにひとと関わる営みである。

ひとはそうした関わり合いのなかで、自分自身の「生きる」に向き合う。この、人間という存在は、なんと不可思議なのだろう。ひととの出会いは生涯続くわけだし、運命的とも言える出会いで人生が左右されたりもする。しかし、ひとは出会いを自分の都合の良いように、思い通りに操作することはできない。たとえ権力や富によって出会いを操作しようとしても、それは「出会いを生きる」姿とは言えない。ましてや、出会った責任を果たそうとして生きる姿をそこに見ることはできない。

このように、「出会い」を鍵にしながら、わたしの営みを、ときに前景にときに背景にしながら、わたしの心理臨床について、これから語っていきたい。その前に、本書で用いられる「いのち」ということばに込めた意味について記しておきたい。

デカルト以降、人間は身体と精神に分けて考えられてきた。けれども現代ではこの両者を区別して人間を理解することはもはやできない。たとえば、医師が大きな手術を前にして家族に「命にかかわることがあります」などと告げるとき、「命」は身体のそれを指している。「死」への覚悟が家族に求められている。このとき、手術によって「命」が救われても、その救われる在りようはさまざまである。いわゆる健康を取り戻すこともあるだろう。反対に、多くの挿管《そうかん》が施されて機械音のなかで救われる「命」もある。あまりに辛い術後の状態に、「こんなことなら助からなければよかった」と語らせる「命」もある。それは、生々しく呼吸するひとの在りようを、生物体としての人間に置き換えた世界の現出である。手術の結果、死亡が確認される。そのとき、「死」は身体のそれを意味する。しかし、残されたひとの想い出のなかにはそのひとは生き続ける。けっして、身体の死によってすべてが終わるのではない。身体は死んでもたましいは生き続けるという語りはけっして陳腐とは思わない。しかし、「精神」ということばは、生き続ける「たましい」を表現するにはあまりに乾きすぎている。河合隼雄が語った「たましいのお世話をする」とはいかなる在りようを意味するのか。そのことを四十年余、心理臨床の場に身を置いて考え体験し続けてきた。そして、ごく最近、「たましい」は「いのち」であるという地平に立つ自分に気づいた。本書で用いられる「いのち」とはこのような意味である。

さて、以降に、いくつかの心理臨床を語ってみたい。それらの出会いをいかに生き、その責任を果たそうとし、心理臨床家としてのわたしが創られていったのかを考えてみたい。

(1) 取り替えがきかない母親との出会い（事例一）

かつて、筆舌に尽くしがたい幼少期を生きたある若者が、心理臨床の場で、「お母さんは取り替えがきかないんだなあ」と、天を仰いで語ったことがあった。十代後半になったころだった。それは、母を捨てずに、母との出会いを生きていこうと覚悟を決めたときの語りだった。

母親は、この若者が幼いころから、きわめて重いこころの病いを患ってくらしていた。ときに痙攣発作を起こして意識を失うこともあったという。母親はこの若者を養育することができなかった。若者が小学生になったころ、父親は仕事で大怪我をし、以来寝たきりの人生を余儀なくされることになった。ほどなく酒に溺れてくらし始めるようになり、この少年に酒を買いに行かせ、酒を飲んでは酔いにまかせて少年に暴力をふるった。少年は、両親のために食事を作ったり、父親の下の世話をしたりしながら、くらしていた。少年にとってみれば、まったく理不尽きわまりない人生だった。

こうした生活は、その人格形成に重篤な影響を与えることになった。やがて、不安定で不穏な精神状態になった少年は、落ち着きなく易怒的になっていく。ひとを信じることができなくなり、精神病院に措置され、そこでくらすことになった。院内学級で学びながら、社会生活を送るルールを身に着けることになったのである。しかし、きわめて未熟な人格は、周囲との協調を拒み、ささいなことで易怒的になり暴力をふるうことが頻回だった。不信感に満ちたこの少年は、自身の身を守る術《すべ》を暴力に求めるほかなかったのである。

あるとき、この少年と心理臨床の場で出会うことになった。ときに罵声をわたしに浴びせ、またときにわたしとの信頼関係を試したりしながら、出会いを生きるときが重ねられていった。その間、少年の不穏な状態は、一進一退ながらも、少しずつ落ち着きが見られるようになってきていた。そんなあるとき、看護師とのやりとりについて俯《うつむ》きながら語っていた少年は、いきなり机を叩いて立ち上がり、部屋から院外へと飛び出していった。追いかけるわたし。二十メートルほど先を全速力で走る少年の背にことばを投げる。「こら待て！　止まれ！」。その叫び声を受けて立ち止まり振り向いた少年の形相は、まるで鬼のそれだった。わたしに向かって真っ直ぐに駆けてくる。怒りに満ちた表情。わたしに恐怖が走る。それは抑えようのないものだった。しかし、わたしは断じて逃げることはできなかった。それがこの少年と出会った責任を果たすことだったからだ。わたしにぶつかる寸前で止まった少年は、眼光鋭く睨みながら、わたしに拳をふるった。しかしその力は加減されていた。わたしは少年を抱きしめた。ふたりのやりとりが聞こえたのか、数名の看護師がやってきて、少年は羽交い締めにされ病棟に引きずり戻されていった。それを止めることは、わたしにはできなかった。

少年に何が起こったのだろう。納得のいかないルールを教え込む看護師に怒りが湧き、それが幼少期の父親の仕打ちと重なり、そうした呪縛から逃れようと脱走を図ったのだろうか。そのときのわたしの制止の叫びに、さらに呪縛される自身の「生きる」を体験したのだろうか。翌週、少年に訊いてみた。すると、「あの声を聞いて、自分が犬みたいに扱われたと思って腹が立った」と。この少年の「生きる」哀しみがわたしを襲う。わたしはそれを心理臨床の場に収めることができなかったのだ。非力を詫びたい想いが胸に溢れる。あのとき、少年の語りのなかに、その生きる哀しみを感じることができなかった。わたしの感性の鈍さを恥じ入る思いだった。まったく、この少年の「生きる」は途方もない。

数ヶ月後、幸いなことに、若者は描くという表現手段を得た（図1）。ほどなく、ただひたすら龍を描き続けるようになった。とくに龍の「眼《まなざし》」と手のひらに乗る「魂」に細心の注意を払って、繰り返し何枚も描き続けた。わたしは若者の隣にいて、その姿を眺めながら、ときに問いに応えたり頷《うなず》いたりしながら、出会いのときが重ねられていった。それは、心理臨床の濃度のきわめて高い時空間の積み重ねであった。この積み重ねこそが、まさに心理臨床の場に産み落とされた少年が育っていくプロセスだった。気がつけば、出会いから四年以上が経っていた。病院からアルバイトに出かけるようになった少年は、院外の世界と出会い、

図1　若者の描いた龍

さまざまな「生きる」を吸収していった。そしてある日、アルバイトに送り出すわたしの横で、冒頭のことばが語られたのである。

養育能力のない両親など捨てて、自分の人生を築いていけば良いではないか。そう思うひとも多いことだろう。しかし、この若者は思っていたのではないだろうか。自分がいまここにいるのは産みの母がいるからであり、この世との出会いは母なくしてはあり得なかった。この世との出会いは母とのそれであった。そのことの責任を果たして生きることが自分の人生なのだ、と。わたしは、そうした若者の生きる覚悟を見届ける「証人」となったのである。

アーサー・クラインマンは、「道徳的・人間的証人」という表現でそのことを語る。それは、ひとと出会い、そのひとが生きるいのちのときを見届けるひとのことをいう。この若者との出会いを生きるときをともにしたわたしは知った。生きるいのちのときを見届けることは河合隼雄のいうたましいのお世話をすることであって、そうした「生きる」のなかから「証人」が生まれてくるのだということを。証人は、心理臨床の場を生きる、すなわち出会いを生きる関係の在《あ》りようから生まれるのであって、最初から証人が決まっているわけでは、けっしてない。

また、このようなことが起こったからといって、この少年が幸福になるわけでもない。母を捨てずに、その出会いを生きていくことは、未踏の人生の道のりである。その道のりにもたらされるものが何であるのかは誰も知らない。そのような「生きる」に幸福が待っていると誰が保証できるだろう。幸福は、たったひとり、当の少年の実感に帰せられるこころの体験であって、他者がそれを教えるものではない。幸福が訪れれば、素朴に嬉しい。しかし、心理臨床は幸福をめざしてときを刻む実践ではない。何処に向かうとも知れない道を、出会ったひとともに生きる実践である。言わずもがなだが、それは、心理臨床家にとっても未踏の人生の道のりである。では、そうした心理臨床の場で、心理臨床家はどう在るべきなのだろう。たったひとつのこの事例は、すべての心理臨床家にこの問いを突きつけている。

いまを呼吸するわれわれは、未踏の人生の道のりを生きる多くのひとのことを知る。老いた親を介護する高齢の息子、不治の病いを生きる妻に寄り添う夫。いのちのときを長く刻むことができるようになったいま、この時代が問いかけるのは、はたして長寿は幸福なのかという、「生きる」意味に関わる切実なテーマである。そう思うと、三十年以上前のこのたったひとつの事例は、いまも生々しく呼吸している。ひとりのひとの「生きる」は、ときを超えて生き続けるのだ。

(2) 不治の病いとの出会い(事例二)

つるべ落としの晩秋のある日、わたしは病室にひとりの女性を見舞おうと急いでいた。

二十数年前、わたしが講師を務めるある心理臨床の研修会で出会ったこの女性は、わたしの話を聴いて弟子にして欲しいと申し出てきた。即座に断った。しかし女性は諦めることはなかった。幾度となくわたしに手紙でそれを訴えてきた。断り続けながらもわたしは思った。このひとはわたしの話の何処にいったいそれほどたしかな何かを掴《つか》んだのだろうか、と。そのときのわたしは、このひとが不治の病いを生きていることを知らなかった。進行はそれほど急激ではないが確実に進み死に至る。このひとはわたしと出会う前から自身の「死」と出会い、その出会いを生きてきたのだ。その後、何度か出会いのときが訪れたが、あるときからそれも途絶えた。ひとりで歩くことができなくなり、車椅子でのくらしを余儀なくされたと知らされた。届いた手紙から、わたしははじめて、この女性が不治の病いを生きてきたことを知った。死を身近に感じて生きるくらしのなかで、このひとはわたしの話からたしかな何かを掴んだのだった。それが何かはいまもってわからない。しかし、わたしはこのひとに「選ばれた」。そう、深く思った。

病いは確実にこのひとを蝕《むしば》み、入院生活が始まった。このひとの心理臨床の仕事は、病いの進行とともに、ずいぶん以前に終わっていた。病床から、幾度となく手紙が届いた。読みながら、このひととの出会いを生きるわたしは、次第に「祈り」とはどういうことかを考えるようになっていった。

あるとき、見舞ったわたしに、第一関節から先のない小指を見せて、「こんなわたしでも弟子にしてくれますか」とこのひとは語った。指先が石化して折れてしまったのだそうだ。断った。このひとは少し笑ってこう言った。「わたしのこんな指をしっかり見てくださってありがとう」。

自身の心理臨床のなかで、わたしはけっして弟子をとらないと決めていた。心理臨床という営みは、技を引き継いだだけで継承されるものではない。それは人格を賭けて生きる営みなのである。そうした営みを継承できるとは到底思えなかった。ひとそれぞれが自身の個性を活かした心理臨床家になることこそがたいせつだと確信していたのである。それは、いまも変わっていない。

病室の扉を軽くノックする。母親が付き添っていた。わたしと知って、母親は軽く会釈をして病室を後にした。願いに応えることのなかった、失礼を重ねるわたしを最期まで愛おしんでくれたそのひとは、酸素テントのなかで、もううっすらとしか開かないまぶたの奥から、慈しみの瞳を一心にわたしに向けていた。その口は何かを言おうとして震えていた。だが、その力はもうなかった。わたしにもたらされたことばはなかった。ただただ、その瞳に寄り添うことで、精一杯だった。「あなたは、わたしの生涯たったひとりの弟子ですよ」。こころはそう語っていた。

このひとは、敬虔なカソリック者だった。このひとの「生きる」は「祈り」だった。「祈りは、祈りという特定の行為のみならず、この生存していることそのものと重なる、深い底からの姿勢なのである」(5)。これは、このひとが寄こした手紙に同封されていた高橋《たかはし》たか子《こ》のエッセイのなかの一文である。このひとは、わたしとの出会いから十数年もの間、わたしに「祈り」とはどういうことかを身をもって教えてくれていたのだ。

教会での通夜の席、家族からこの女性が安らかに天に召されていったと教えられた。このひとが生きた三十年あまりの人生。それはカソリック者としての祈りのなかにあった。わたしは、その人生の証人として「選ばれた」のかも知れない。

このひととの出会いの少し前、三十年以上前のこと、あることがきっかけとなって、高橋たか子の小説やエッセイを読み浸る日々が始まっていた。ひとりの女性の死に接して、その女性が生きた軌跡を辿った旅のなか、倉敷のある書店で偶然手にした一書から、それは始まった。そうしてわたしは、カソリックに深く傾倒していった。研修会でのわたしの話には、そうした当時の在りようが醸《かも》し出す何かがあったのかも知れない。

このひとが召天した後、いまに至るまで、わたしは折にふれて長崎、天草、五島列島のカソリック教会を何度か巡っている。上五島《かみごとう》のある教会でのこと。虫の声しか聞こえない夏の昼下がり。祈りの空気に満ちた聖域のなかに身を置きながら、ふとステンドグラスのほうに目をやると、子どもの靴箱があった。ランドセルが置かれていた。何だかわたしは微笑ましかった。いまにもその子が姿を見せるような、そんな気がした。子どものくらしのなかに宗教が息づいている。信仰といってしまうと少し硬すぎる。何かを信じて生きる子どものくらしは、きっとそのこころに温かいものを宿すのだろう。ふと、このひとのことを想った。

生前、このひとを見舞うと、きまってルルドの水をわたしの手に置いた。その水を得た瀕死のガジュマルはいま、わたしの心理臨床の場で緑の葉を拡げ、溢れる生命感を届けてくれている。

いま、このひとの人生はわたしのなかに温かく生きている。いのちの継承を想う。わたしはこのひとを弟子にするどころか、すでに出会ったときからこのひとの弟子だったのかも知れない。

(3) たましいの調べとの出会い（事例三）

十数年前、知り合いの心理臨床家の紹介を受けて、ある男性と心理臨床の場で出会うことになった。一冊の書物を携えてやってきたそのひとは、笑顔でわたしと向き合った。

「どういうことで来られましたか」。心理臨床家が初めての出会いのときに切り出す常套句《じょうとうく》だ。それに応えてこのひとは、「何も望むことはないのです。ただ、美しい音楽を一緒に聴いて欲しいのです」と語り、にこやかに微笑んでいる。まったくもって驚きだった。そんなことを口にしたひとは、もちろんはじめてだった。ましてや、何も望んでいないのに初対面の出会いの場にやってきて、「美しい音楽」を聴くときをともにしたいと言う。そのような心理臨床の場に、わたしは身を置いたことがなかった。驚くわたしを尻目に、このひとはにこやかに微笑んでいる。わたしの想像をはるかに超えるいのちを生きている。このひとの微笑みは、いったいどこからやってくるのだろう。

いまになって想うことだが、もしこのとき、心理臨床家としてのわたしの在りようが、このひとの求める世界にふれていなければ、このひとはそれをすぐさま看取《かんしゅ》したことだろう。そして、このようなやりとりは生まれなかったのではないか。それほどまでにこのひとの感性は研ぎ澄まされている。そうした感性でこのひとは生きていた。心理臨床の場に身を置いて以来、このひとに出会うまでの二十数年を生きた心理臨床が、このひとが希求する世界にふれるだけのわたしの在りようを創ってきたのかも知れない。このひとの人生の証人として、わたしは「選ばれた」。

長く心理臨床の場に身を置いていると、このように感じることがある。わたしを訪れる経緯はさまざまだが、いのちのときを刻んでいるひとは、その心理臨床家が自分の語りを聴くに値するかどうかを見たてるのである。見たての根拠はひとえに語り手の内にある。したがって、心理臨床家はどのように見たてられたのかを知らない。わかっているのは、心理臨床のときが重ねられるかどうかという事実、つまり「選ばれた」かどうかということだけなのである。それは、「治す」「治る」といった次元を超えて、心理臨床の場に関係が息づくときである。

さて、このひととの不思議な出会いに想いを巡らせながら、「では、そうしましょう」と、わたしは応えた。ただ、そうは言ったものの、わたしには「美しい音楽」がどのようなものなのかわからなかった。ずいぶん無責任なことだが、このひとから教えてもらうしかない。このひとの言う「美しい」は、その調べにいのちを、たましいを「生きる」ことのできる在りようを意味していた。ほどなく、そのことを知ることになった。

わたしはテープレコーダーを、このひとはみずから「美しい音楽」を録音したカセットテープを持参することとして次週を約束した。帰りがけに渡された書物は、このひとが生前、唯一世に出した単著だった。ひとりになって、その頁を繰ってみると、このひとが音楽をいかに愛していたかが、火傷しそうなほど熱く伝わってきた。その本にベートーヴェンの次のことばが引用されていた。それは、このひとの音楽を「生きる」を、このひと自身のいのちの「生きる」を体現するものだった。

能うかぎり善を行ない
何にも優りて自由を愛し
たとえ玉座の前に立ちても
絶えて真理を裏切らざれ

次の出会いのとき、このひとが持参したテープはいまも手元にある。題目は「シンプル・シンフォニー等イギリス作品集（弦楽合奏）」と手書きであった。そこには、ベンジャミン・ブリテン指揮のイギリス室内管弦楽団による五曲が収められていた。ブリテンの「シンプル・シンフォニー作品４」、ディーリアスの

「二つの水彩画」（フェンビー編）、ブリッジの「ザ・ロジャー・デ・カヴァーリー」、パーセルの「シャコンヌ ト短調」（ブリテン編）、エルガーの「弦楽のための序奏とアレグロ作品47」がそれである。クラシック音楽に無知なわたしは、これらを聴いたこともなければ、作曲家名もまったく知らなかった。このひとと出会わなければ、わたしの人生にこれらの楽曲が接点をもつことはなかったであろう。ましてや、美しい音楽がたましいを奏でる調べであることなど、知る由もなかったであろう。わたしは、このひととの出会いをとおして、いのちのときを刻む音楽を、その美しさを、知ったのである。

この男性は、いのちのときを形容しようもない重い病いとともに生きていた。深いこころの病みと糖尿病である。こころの病みは限度一杯に筋肉注射された精神安定剤によって、かろうじて日常生活ができる程度に保たれていた。糖尿病は、すでに合併症を起こしていて、その悪化を食い止めることはできなかった。音楽を愛する学者として、いのちのときを真摯に生きるこのひとは、生々しく呼吸しながら、いま、わたしとともにたましいの調べを聴こうとしている。わたしはただひたすら、想いを透明にするようこころがけた。その調べがそのまま波紋を描くように、気持ちを落ち着けた。

静かに流れ出す調べ。そのときを、ふたりがともにする。それは、美しくも気高く優しい調べだった。

このひとは音楽と出会い、生きてきた。そのようないのちの営みがあったからこそ、わたしもまた音楽と出会うことになった。それは、このひとが「美しい音楽」をともにするひとを求めたことから始まった。ひとりでそれに浸ることも、もちろんあったであろう。自己愛的に生きることもできたであろう。けれども、このひとは、「美しい音楽」をともにすることをとおして、何かを希求したのである。わたしは、「関係」の希求だと確信する。孤高の人生を生きてきたこのひとは、音楽によって開かれる「関係」の世界を求めたのである。そしてわたしは、心理臨床の場で、このひとの人生の証人となったのである。

音楽に疎いわたしは、このひととの出会いによって、音楽の美しさを感じるときを生きることになった。

出会いから数ヶ月間、そのときは続いた。そうして、糖尿病の悪化によって、このひとの人生は静かに幕を下ろした。

数週間後、母親が生前の御礼にと、わたしを訪ねてきた。息子の論文のコピーや草稿、母親自身の関係者に宛てた手紙などが入った分厚い封筒を、「何かに役立ててください」と託された。それらからは、この男性の真摯な人生と、母親と名士らとの交際の広さを知ることができた。また、葬儀のときに、「果てしなき苦悩の道を歩み来て　ベートーヴェンの　ミサ鳴りわたる」とこのひとが詠んだ歌が流された旨が記されていた。また、「一切れのパンではなく　多くの人は愛に　小さなほほえみに　飢えているのです[6]」とのマザーテレサのことばに「心打たれ、号泣しながら過去をふりかえり、新しく愛の実現を目ざす日」のあったことも記されていた。この男性との出会いといのちのときを生きる営みは、いまもわたしの「生きる」とともにある。

（４）殺したい母との出会い（事例四）

三十年あまり前のこと、その挙動に不安定さを感じたゼミの先生に勧められて、ひとりの女子学生が心理臨床の場にやって来た。化粧気のまったくないそのひとは、何処か別の世界を眺めているような表情だった。この世界と距離をとって生きている。そんな雰囲気のひとだった。語りは、くらしのことや研究のことなどから始まり、あるときから母親のことに終始していった。

「わたしは母が憎いんです」。ふと語られたそのことばで表情は一変した。鋭い眼光をわたしに向けるこのひとは、ほとんどの時間、母親への憎しみを語り続けた。その語りに耳を傾けながら、壮絶なこのひとの二十年余の人生がこころに迫ってきた。まるでこのひとは、母親への憎しみをよすがにここまでいのちのときを刻んできたかのようだった。数ヶ月間、毎回、心理臨床の場で語られた母親への憎悪を、わたしは必死の思いで聴き続けた。

そしてある日、このひとは尋ねてきた。「これまでわたしは、母をどれほど憎んでいるかお話ししてきました。これだけお話しすれば、先生は、わたしの気持ちをわかって下さったと思うのですが、どうですか」。対決のときが訪れた。試されている。そう想った。しかし、それ以上に、わたしのこころが少しずつ哀しみで満たされていく。それをわたしは止めることができなかった。このひとの問いに応えることばが、わたしにはなかった。ことばのない心理臨床の場には、緊迫感が漂い始めた。

彼女は、鞄から包丁を取り出して、こう言った。「わかって下さったと思いますので、わたしはこれから母を殺しに行きます。いいですね」。立ち上がったその形相は、いまにも部屋を飛び出して行きそうなそれだった。わたしにはことばがなかった。「答えることのできない問いの前に立つことを余儀なくされるのが心理療法家である」との河合隼雄のことばが渦を巻いてわたしの身体を締めつけていった。頭ではわかっていたこのことば。しかし、身体全体で知ったのははじめてだった。

もちろん、殺人を犯してほしくない。だからといって、「殺してはいけない」とは言えなかった。母親への憎悪をいやというほど聴いてきて、このひとがそういう気持ちになっても不思議はないと、どこかで感じる自分がいた。かといって、「いいですよ」などとは絶対に言えない。

殺人者になって欲しくない。止めなければならない。そう強く思う常識人としてのわたしもいた。制止すれば激しい怒りがわたしに向かってくるだろう。「先生はまだわからないんですか！」と強く詰問してくるだろう。それを引き受けることがこのひとに出会った責任なのかも知れない。しかしわたしは、数ヶ月間ものときを、母親への憎しみの語りを聴き続けたのだ。このひとが母親を殺したい気持ちになるのも、わからなくはないのだ。ふたりは、そうした出会いを生きてきたのではないか。結局のところ、どうすればよいのか、わたしにはまったくわからなかった。語ることばはわたしにはもたらされなかった。

わたしは、言い知れぬ哀しみを感じていた。哀しみがわたしのこころを満たしていくのが体感された。気がつくとわたしは涙を流していた。理屈などなかった。ただただ、哀しかった。それだけである。

その姿を見つめていたのだろう。このひとは包丁を鞄にしまって、ぽつりと語った。「すいませんでした。もう二度と、こんなことはしません」。このときを境に、心理臨床の場は、母親への憎悪の語りから、いかにして母を許すことができるのかというテーマへと変わっていった。まさに分水嶺《ぶんすいれい》でのできごとだった。

いまになって思うのだが、このひとは母親と出会った責任を、人生をかけて果たそうとしていた。憎い母親との体験を抱えて生きてきたこれまでの人生も、その憎い母親を許そうとこころが動くこれからの人生も、そのプロセスなのだ。わたしはそうした人生の「証人」として心理臨床の場でこのひとの語りを聴き続けることになった。

当時のわたしに涙が流れたのは、不条理を生きねばならない哀しみに、ひととして為す術《すべ》がなかったからであるが、それは、人智を超えた何かに救われようとする姿であると言うこともできる。そこに救済を祈願する在りようを見ることができる。

このひとは、なぜ包丁をしまったのだろう。わたしの涙がこのひとを動かしたのだろうか。そう考えることもできる。しかし思うのだが、このひとは涙を流すわたしに母を見たのではないだろうか。赤子のように泣くしかないわたしに、ただひたすらに子どもの救済を願う母を見たのではないだろうか。このとき、憎悪の対象であった母は死に、このひとに慈母が宿った。そう考えることはできないだろうか。このひとは、母への憎しみを生き抜くことを通して、慈《いつく》しむ母にふれたのである。それはきわめて母性的な在りようだった。

ところで、いまのわたしであれば、件《くだん》の場面で強く制止するであろう。そして、制止によってもたらされるこのひとの怒りを引き受けて生きていこうとするであろう。当時とは異なる、心理臨床家としてのわたしの感性がそう思わせる。このひととの出会いから三十年あまりの間に、心理臨床家としてのわたしに培《つちか》われてきたのは父性性である。それが、いままであればあの場面に働いたのではないかと感じる。けれども、それだけでは母親への憎悪の語りを聴き続けることはできないだろう。そこには、母と子の間に流れるいのちのときを見つめる母性が必要だった。このように思うと、わたしには、このひとと出会った責任を果たすのに三十年余が必要だった。

(5) いのちのときとの出会い(事例五)

「治癒は困難で緩和ケアおよびQOL維持が治療目標」であるひとを病室に訪ねた。心理臨床家は通常、待つひとである。心理臨床の場に語り手が訪れるのを待つ。そして出会い、語りを聴き、心理臨床の場に生まれるいのちのときを刻んでいく。けれども、そうした受動の在りようではなく能動によって生まれる出会いもある。

病棟のフロアで、「何のためにわたしはあのひとに会いに行くのだろう」と強く強く、想った。ひとが誰かに会いに行くのは、そうする動機や必要性があるからだ。心理臨床家は、心理臨床の場に訪れるひとの動機や必要性に専門家として応じ、その語りを聴く。今回は、わたしが心理臨床の場を訪れる。では、その動機や必要性とは、いったい何なのだろうか。このときわたしは、訪れるひとの動機や必要性に応じるという次元には生きていない。この「何のためにわたしはあのひとに会いに行くのだろう」という強い想いは、病床を訪れるとき、変わらずわたしのこころに生き続けている。

自費でスケジュールを調整して、病室を訪れる。そうまでするのは、いったい何のためなのだろう。このひとは、自身のさまざまなことを語る。家族のこと、仕事上の人間関係のこと、病いのこと。それらの語りを聴きながら、わたしは圧倒される。内容に圧倒されるのではない。自分が聴き手としてそのようにしていることの不思議さに圧倒されるのである。その語りは、通常の心理臨床の場で語られるそれと同類の内容であるにもかかわらず、いまここで展開されているそれは、熱度の高い、凝縮された、このひとの人生が込められたものであり、そうした語りを聴いていることが、わたしには圧倒的に不思議な体験だったのである。

「なぜ、わたしなのだろう?」との自問が生まれる。それは、先に述べた「何のために……」との自問と同じである。また、それらはすぐさま、神谷美恵子《かみやみえこ》がハンセン病者に初めて出会ったときの自問、「なぜ私たちでなくあなたが?」を想起させる。(7) これらは、因果論では答えの出ない問いである。《そうなる運命だった》としか言いようがない。それは誰かの、何かの操作を超えた事態である。しかし、もとよりこの世に生を受けたこと自体が運命である。それを「生きる」ことで人生が創られていくのだ。このときのわたしは、そうした運命に圧倒されていたのだ。死に逝くひとの語りを聴く。「何のために」と問うても答えはない。どのように聴くか、どのように会うか、などといったことでもない。けれども、「惻隠《そくいん》の情」などという在りようでもない。

このときわたしは、神谷美恵子の「わたしの初めての愛」ということばを想い出していた。(8) それは、目的ではなく、ひととして生きることそのものだ。ここで、心理臨床家としていかに在るべきかなどといった専門性の議論ではなく、専門性を超えて「ひととして生きる」感性が必要になるのではないか。そこには、ひとはかならず死ぬというごく当たり前だが厳然たる事実に向き合う姿勢がある。その事実に人類はこれまで、専門家としてではなく、ひととして向き合ってきたのではないか。ヒューマニズムやセンチメンタリズムではなく、科学の興隆とともに何処かに置き去りにしてきた感性をもって向き合ってきたのではないか。河合隼雄は小説家、村上春樹《むらかみはるき》との対談のなかで次のように語る。(9)

人間はいろいろに病んでいるわけですがそのいちばん根本にあるのは人間は死ぬということですよ。おそらく他の動物は知らないと思うのだけれど、人間だけは自分が死ぬということをすごく早くから知っていて、自分が死ぬということを、自分の人生観のなかに取り入れて生きていかなければいけない。それはある意味では病んでいるのですね。

そういうことを忘れている人は、あたかも病んでいないかのごとくに生きているのだけれども、ほんとうを言うと、それはずっと課題なわけでしょう。……現代というか、近代は、死ぬということをなるべく考えないで生きることにものすごく集中した、非常に珍しい時代ですね。それは科学・技術の発展によって、人間の「生きる」可能性が急に拡大されたからですね。そのなかで死について考えるというのは大変だったのですが、このごろ科学・技術の発展に乗っていても、人間はそう幸福になれるわけではないことが実感されてきました。そうなると、死について急に語られるようになってきましたね。だけど、ほんとに人間というものを考えたら、死のことをどこかで考えていなかったら、話にならないですよね。……ぼくの場合は、一人の人間のことに必死になっていたら、世界のことを考えざるをえなくなってくるんですね。結局、深く病んでいる人は世界の病いを病んでいるんですね。

このひとも世界の病いを病んでいる。その語りに耳を澄ませてみる。もうあまり生きる時間がないと予感しているひとと、事実としてはまだ生きる時間が十分に残されているひととでは、ときの体験は異なる。このひとは語り続ける。ときに微笑み、ときに笑い、そしてときに遠くを見つめながら、仕事のこと、家族のこと、悩んでいることを。わたしに届いてきたことがある。このひとはもう自分は助からないと知っている。けれども、まだ人生でやり残したことがある。そのことをどこかで認めたくないと思っている自分がいる。あるいは、認めたくないために人生でやり残したことを探そうとしている。助からないことを自身に納得させていこうとしている。そうしたこのひとの在りようが伝わってきた。それらの在りようは、病いと闘ってきた歴史、そしていまも闘っている自分自身、これまで生きてきた人生とこれから生きる人生を、ひとりのひととして生きること、それを目を逸らさず刻んでいかなければならないことを意味している。このひとは、世界の病いを病んでいる。わたしは確信した。ただ、その声を聴いて、ひととしてわたしはどう在るべきなのだろう。このひととわたしとでは、体験それ自体が異なる。だから、それはこのひとの人生であってわたしの人生ではない。たしかにそうである。しかしそこには、決定的に欠けていることがある。このひととわたしは、同じときを生きているという動かしがたい真実である。この時代に出会い、同じときを呼吸している。わたしがいなければこのひとの語りは生まれない。このひとがいなければわたしにはこのときはもたらされない。この体験は生まれない。それが、このひとと出会ったということであり、その出会いの責任を果たそうとするひととしての姿なのである。この在りようが、ひととして在るということなのである。また、それが証人として在るということなのである。

次に会う約束をした。その約束は「祈り」である。先に述べた高橋たか子のことばが蘇《よみがえ》る。「祈りは、祈りという特定の行為のみならず、この生存していることそのものと重なる、深い底からの姿勢なのである(10)」。

3　ひととして生きる

わたしは、心理臨床家である前に、ひとりのひとである。心理臨床家を生きること。ひととして生きること。これらはどのように交錯するのだろう。心理臨床家になるために、いのちがけで訓練を受けてきた。しかしそれは、ひととして生きることから離れるどころか、それがいったいどういうことなのかを知ることでもあった。

これは以前に知人から聴いた話だが、外科医は家族や近親者の手術をしないという。真偽のほどは知らないが、その理由は、患者が家族の場合、執刀する際に医師としてではなく家族の一員としての自分が前面に出て、それが手術に影響を及ぼすからだという。手術がスムーズに運ばない危険性があるということなのだろう。
心理臨床家になるための訓練の途上にも、同様のことが議論される。心理臨床の場に家族が訪れることはない。また、心理臨床家は基本的に聴き手であって語り手ではない。したがって、心理臨床家のひととしての事実の部分を語り手が知ることは、心理臨床の場では原理的には起こらない。専門性を維持するために、心理臨床家個人の現実的なことがらは秘匿《ひとく》されるのである。

　これらふたつの場合は、似て非なる真実を語っている。医学における手術の場合は、執刀医はひととしての在りようをできるかぎり消すように努める。それは医学モデルに則《のっと》るためである。医学モデルにしたがうかぎりは、誰が執刀医でも術式は変わらない。心理臨床の場合も、その専門性を守るために先に述べたような配慮をするのであるが、それは心理臨床のモデルに則るためと言い切ることがむずかしいのである[11]。心理臨床の場には、医師のメスのような専門性を発揮する道具がない。あるのは、聴き手のひととして生きる在りようでしかない。それを「人格」と呼ぶなら聴き手の人格が、語り手の生々しく呼吸する在りように向き合うのである。それは、圧倒的に人間的事態なのである。心理臨床の場では、そうした生きる在りようが不断に交錯する。ひととしての在りようを消すことなどできないのである。したがって、心理臨床家になるための訓練では、自分自身がひととしていかに生きているのか、その在りようが厳しく問われることになる。また、語り手の語りを聴くための在りようが徹底的に鍛えられるのである。語り手は、心理臨床の場で、心理臨床家がひととしていかに生きているのかを見たてるのである。

　また、構造的なこととして、心理臨床家は、原則として心理臨床の場以外のところで語り手とときを過ごすことはない。わたしは、そのことがどれほど重要なのかを、心理臨床家として体験的に知っている[12]。他に話が漏れない守られた心理臨床の場で、時間を決めて語りを聴き、語り手は決まった料金を支払う。この三つのことを厳守することで、語り手は安心して他では話せない自身を語ることができる。これによって心理臨床の専門性が守られる。このことは数多くの専門書に述べられている。つまり、心理臨床の専門家の間では共有されていることである。しかし、これらを厳密に守ることが却って心理臨床を息苦しくさせてしまうことも、現代の心理臨床には頻繁に起こっている。教育や医療の場での心理臨床を想起してみればすぐに了解されるであろう。

このようにみると、心理臨床家であり続けるためには、自身がひととしていかに生きているのかを問い続けなければならないし、ひとの「生きる」に心理臨床家として寄り添う力を培《つちか》わねばならない。

けれども、ひととして生きるとは、どういうことなのか。寄り添う力を培うとは、どういうことなのか。わたしが考えるところを、いくつかの例を挙げて示してみたい。

1　向こうから来るひと　およそ二十年前から、糖尿病の心理臨床に深く関わるようになっている[13]。わたしはそこに、ひとの「生きる」に出会う場があり、ひととして生きる在りようを知ることができると確信したからである。

病棟の廊下を歩いていた。向こうから、車椅子に身を委《ゆだ》ねた中年のひとが看護師とともにやって来た。両脚が無かった。それを見た瞬間、わたしの身体をそのひとの人生が駆け抜けた。どういうことで両脚を無くしたのか、かつて両脚で大地を踏みしめて生きてきた人生に何があったのか。このひとの両脚は二度と戻ることはない。そのことが深く哀しかった。これからこのひとは、どのように生きていくのだろうか。人生を投げ出さず、自身の「生きる」を呼吸して欲しい。強く、そう思った。たった数秒のできごとだった。

2　死にたいひと　ある日、救急で入院されたひとがいた。主治医の許可を得て、数日後、そのひとの病室を訪れた。ベッドサイドに座ってそのひとを見たわたしは、「こころが遠い」と感じた。この場に、このひとが呼吸していないような、そんな気がした。おのずと、ことばが口をついて出てきた。「死ぬつもりだったのですね」。このひとは涙を流し、鼻水で顔中をぐちゃぐちゃにしていた。

少し落ち着いてから、ぽつりぽつりと語った。「もうどうでもよくなって……インスリンが切れていたけど、もう病院に行くのも面倒くさくなって……」。このひとの呼吸が聞こえた。「そうでしたか……」「すいませんでした……」。真面目なひとだと感じた。その生真面目さがこれまでのこのひとの「生きる」を支え、また生真面目さゆえに「生きる」に閉塞感を強く抱いたその人生を想った。「ゆっくり休んでくださいね。明日も来ていいですか」。翌日も少し語りを聴いた。

三日後、病室を訪れると、不在だった。廊下に出てみると奥のロビーで景色を眺めているこのひとがいた。ソファーにゆったりと腰掛けて穏やかな表情だった。隣に腰掛けると、景色を指さして、「あそこの近くにわたしの家があるんです」と。それからこのひとは家族とともに生きた歴史を語った。わたしはその語りに耳を傾けた。

3　不治の病いの子どもたち

病棟でわたしは子どもたちに出会った。そのとき、「運命」ということを強く考えさせられた。子どもが不治の病いを得るということ。それは、未来を想い描く時代に死と密接な距離で生きていかなければならないことだ。そのような運命を背負った子どもが、わたしを見つめている。その子どもに心理臨床の場で出会ったとき、わたしは出会った責任に応えることができるだろうか。心理臨床家としてどう在ることができるだろうか。「ぼくはどうして、こんな病気になったの?」と尋ねられたとき、わたしはどう在るだろう。答えられない。いや、答えはない。あるとすれば「運命だね」。それは子どもに諦めの思いを抱かせるかも知れない。諦観と言えば聞こえはよいが、たいせつなことは、そうした運命の下にあって、いのちのときを「生きる」まなざしが光ることだ。それは、如何ともしがたい生の在りようのなかで、ひととひととがつながること、生と死がつながること、いのちが継承されることである。ひととして生きるとは、そのような在りようなのだ。そう、強く、感じた。

4　**誕生日**　病床に在るひとが誕生日を家族に祝福されている場面に出会った。家族は皆、にこやかだ。けれどもそのひとは、ときにどこか遠くを、まなざす。そのひとの瞳に、家族はどのように映るのだろう。次の誕生日は迎えることができないかも知れない。そう思っている家族の姿が映るのだろうか。死の近縁に生きるひとの感性は研ぎ澄まされている。そのような感性に出会ったとき、わたしはどのように在るのだろうか。もうあまり長くは生きられない、いのちのときを生きているひとの語りを、呼吸を、わたしはどのように聴くのだろうか。

5　**父の米壽**　病室で父の米壽を祝った。近親者が集まった。父のいのちのときはもう長くはなかった。誤嚥《ごえん》性《せい》肺炎の兆候は明らかで、苦しげだった。しかし父は、じっと集まったひとたちを見つめていた。そのまなざしは何処に向けられているのだろう。祝いの品を父に披露する家族を眺めながら想った。どう在ることができるのかではなく、そこに在ることそれ自体が尊いのではないか。残り少ないいのちのときを生きるひとととともに在ること。それがひととして生きることではないだろうか。そう思うと、ひとができることなどほとんどないことを実感するとともに、だからこそここに在ることにひととしていのちがけになることの重さを痛感する。「心理臨床家は何もしないことに全力を注ぐ」との河合隼雄の声が聞こえてきた。それは、ひとともに在ることこそが心理臨床家として必要なことだと教える声だった。

6　**素直なこころ**　看護師に手を握ってもらって涙する年配の女性を見た。わたしは少し自分を恥じた。このひとのように素直に人生を生きているだろうか。そう想ったとき、恥じ入る自分がいた。涙の後、このひとは嬉しそうに昨日のできごとを語っていた。わたしは、このひとから学ぶことは無限にあるように思えてならなかった。これまでの人生で幾多の体験をし、多くを学んできたが、それらはすべて真の自分を覆い隠すためのものだったように感じられた。この世に生を受けたことを、そのままに受けとめて生きて在ること、残されたいのちのときを、そのままに受けとめて生きて在ること、そのような「生きる」に出会ったときだった。

7　祖母の人生

あるとき、晩年、希死念慮を訴え続け、自身の人生を恨んで逝《い》った祖母をふと想い出した。わたしの心理臨床の原点にあるできごとだ。当時中学生だったわたしは、恨みの語りをいのちがけで聴くことができなかった。ただその場に身を置いていただけだった。

ただ身を置いていることと、心理臨床家としてその場に在ることとは、決定的に違う。その違いは語り手がもっともよく知っている。当時は、ただ身を置いていただけだった。それが精一杯だった。この原点から、祖母は、心理臨床へとわたしを誘《いざな》ってくれたのかも知れない。

いくつかの例を挙げてきたが、そのすべてに共通するのは、心理臨床家としてわたしが在ることで、そのひとたちの命が救われることは絶対にないということである。ではそれは、何の意味もないことなのだろうか。ここで強調したいのは、すべての例に言えることは、ひととして生きる在りよう、ひとに寄り添う在りようがそこに生きているということであり、そのひとたちのいのちがそこに呼吸していたということである。

それにしても、「生きる」の不思議を想う。同じ空気、環境、気分、さまざまなひとの生に関わるあらゆることがまったく同一に再度訪れることは、絶対にあり得ない。一回かぎりの出会いという厳粛ないのちのときを生きるのがひとである。また、ひとはひとと関わり合うことなしに生きていくことはできない。この事実は敬虔な気持ちをもたらす。ひとと関わり合うことによって生を紡《つむ》いでいく。そのことでしか生きることはできないのだ。そしてひとは、一度かぎりの世界と出会い、その世界と関わり合い、生を紡ぎ関係を生き、人生が創られていく。心理臨床はこのような営みに密やかに息づくのだ。

4　創られるわたし

心理臨床学を専攻し、実践の訓練を受け、心理臨床家になったいま、これまで述べてきたようなことを抱えていまという時代を生きていると、心理臨床もまた時代の影響を受けていることを知る。それは、ふと、自身の心理臨床の在りようが微妙に震えていると感じるときである。およそいのちの営みは社会との関わり合いの内にあるわけで、すべてのひとはそうしたときを生きている。出会いを生きるいのちの営みである心理臨床も、心理臨床家の在りようを自律的に変容させているのかも知れない。

このような想いで、心理臨床家になるための訓練時代を振り返ってみると、厳しかったとの実感がまずやってくる。学ぶことは無限にあった。自然科学的な学習モデルは、生々しく呼吸するひとと出会う心理臨床には通用しない。自然科学に馴染んでいたわたしは、どうしてよいのか皆目わからなかった。学ぶ道筋はどこにあるのか。書物や講義からなのか。とにかく、語りを聴きながらの暗中模索が続いた。

そんなとき、あるひととの心理臨床の流れが滞ってしまったことがあった。心理臨床関連の書物を読みあさって打開の手がかりを探したが、見つからなかった。万策尽きて河合隼雄に指導を仰いだ。ひととおり説明をすると、こう言われた。「あなたが読んだ本のなかに、あなたの目の前にいるクライエントはいましたか」。厳しいことばだった。要はわたしの目の前に生々しく呼吸するそのひとから学ぶしかない。そのことを徹底的に思い知らされたことばだった。それからわたしの「聴く」が変わった。

以来わたしは、心理臨床の場が創り出す空気と目の前のひととその語りを、五感をフルに働かせて「聴く」ことに徹した。そのようにして、心理臨床家としてのわたしは創られていった。川上不白《かわかみふはく》の「守破離《しゅはり》」論からすれば、「守」の時代である。すなわち、心理臨床家の基本を徹底的に身に着けたときだった。聴き手として、語り手の語りの奥に密やかに息づく声を聴くことは、わたしのなかからことばがもたらされてくるときを「待つ」ことでもあった。そのようにして語られたことばは、語り手と聴き手の両者に共有されるものとなり、何よりいのちにたいして誠実なものとなる。訓練の厳しさは、人間理解ということが、語り手をまさにその存在の深みにおいて支えるものにならなければならないというところにある。「守」の時代はそのことを知るときである。

現在のわたしは「破」の時代を生きていると実感しているが、それは、医療の場に深く身を置き呼吸しながら、ひとの体験と向き合う実践を重ねていることによる。この医療の場にもまた、現代を反映する人間模様が渦巻いていることに気づかされる。そこでは、医師をはじめとして、看護師、栄養士、薬剤師、臨床検査技師、理学療法士、医療事務、臨床心理士などのさまざまな専門職が活動している。そうした医療者のひとたちと話をしていると、生き生きしているひとは少ない。むしろ、日々悩むことしきりで、ストレスを抱えて、バーンアウト寸前のひとたちの方がはるかに多い。たしかに、医療の場はひとの生死に直結しているのだから、その職業上の責任が重いことはよく承知している。しかし、悩みやストレスを抱え続け、それが積もり続けるのならば、行き詰まりに陥るだろう。

医療の場では、心身の不調を訴えて受診するひとと、そうしたひとに日々出会う医療者が、ことばを交わしながら「生きる」に直面する。そして、喜怒哀楽の渦中へと誘われ、ときに深い悩みの海に沈み込む。そのようなとき、医療者は専門のマニュアル書ばかりを手に取るわけではない。患者もまた、民間に流布している健康書ばかりを手に取るわけではない。多少大げさにいえば、医療の場は、ひとの「生きる」に不可欠な哲学を求めているのだ、とわたしは思う。いのちのときを生きる哲学である。

医療の場だけではないだろう。出会いをとおして、どのように自分というものはできていくのだろうか。人間というものの在りようを体験させられていくのだろうか。こころが震撼《しんかん》するような体験を、ひとはどのように出会いを生きるプロセスから味わっていくのだろうか。そのような体験はひとの「生きる」を変えていく。

このように思うと、自分が創られていくことは、自分が生きることであり、逆もまたしかりである。いのちのときを生き、自分というものは創られ、そこに生きる哲学が生まれる。

おわりに

ひとは、これで完成というような固定化された存在ではあり得ない。定型などないのである。ひとは、つねに変容に晒《さら》されている。科学的な操作でもってひとを定型化して固定的に納得させてみても、それは案外つまらない。男であることをわざわざ遺伝子検査で証明しなくても、生まれて数年生きてみれば、何となくだが男だとわかる。性格検査を受けて怒りっぽい性格だと指摘されても、そんなことは検査をしなくても日常生活のなかで自覚していることだ。そこには、驚きや不思議や喜びや哀しみや、そして、いのちのときを生きるひとの深い覚知はない。それではいったい、どのようにしてひとは創られていくのだろうか。そのプロセスには、いったい何が働いているのだろう。先に「生きる哲学」と表現したが、それは体験から生まれる。体験をとおして、ひとは創られていくのだ。

当たり前のことで、わざわざ言われるまでもない。そんな反論がすぐさま返ってきそうだ。あるいは、「受苦せしものは学びたり」と古代ギリシャの箴言《しんげん》が伝えるように、古《いにしえ》からひとは苦しみから「学ぶ」。たいせつなのは体験ではなく「学び」だと意見する向きもあるやも知れない。ここでたいせつなことは、「学ぶ」と「学び」の違いである。「学び」が固定化・定式化へと向かいがちなのにたいし、「学ぶ」には動詞としての可塑性《かそ》がある。体験はつねに変化・変容するものであり、つねに可塑的な在りようのなかにある。この違いは、計り知れないほどに大きい。

わたしというひとりの人間は、体験を通して、出会いを生きることを通して創られてきた。本書は、そのようにして創られてきたわたしが心理臨床家としてたいせつにしている語りで綴《つづ》られている。

感性。それを語ることはむずかしい。しかし、現代という時代にそれを語る必要性を、わたしは覚悟している。それは、「破」の地平にわたしが進んでいる姿でもある。

気づいてみれば四十年あまり。この年数の長短はともかく、その間、医療者たちの語りを聴き、悩みや苦しみを抱えて生きるひとたちの語りを聴き続けてきた。その実践は、やはり順風満帆《じゅんぷうまんぱん》ではなかった。死にたくなるような気持ちになることも幾度もあった。しかし、心理臨床から身を引くことはなかった。いのちのときを生きるなかで、たしかに、人間の不可思議さに出会い、生きることの過酷さに出会い、そうしてひとの「生きる」に、もがきながら寄り添い続けてきた。そのなかで、真にかけがえのないことに出会ってきた。それがきっかけとなって人生の道を見出すこともあった。そこには、「出会いを生きる」からひとを知ろうとする営みがあり、「出会い」の責任を果たそうとする姿、すなわちひとの「生きる」に向き合う営みがあった。

第2章 心理臨床の感性

はじめに

生きる価値。それは何処にあるのだろう。心理臨床の場で、若いひとの語りを聴いていると、ときに「生きる値打ちなんかない」「何のために生きているのかわからない」といったことばに出会う。そんなとき、ひとであることの哀しみがわたしを貫く。「いったい、生きることに意味や価値はあるのだろうか」。そんなことを考えるのは人間だけである。

二十年ほど前、心理臨床の場で出会ったあるひとの「生きる」から、わたしはこのテーマに沈潜したことがあった。その当時の彷徨《ほうこう》はその後、一書となって世に出たが、[1] そのときに訪れたことばはいまもわたしを支えている。「ひとは意味や価値があるから生きられるのではない。生きるプロセスから意味や価値はもたらされるのだ」。先人のことばではなく。そういうことばが、ふと、やって来た。そのときおそらく、わたしはまったき受動性のなかを生きていた。わたしの内なる何かが語ったことばだ。この書物の背景に「祈り」があったことは、けっして偶然ではない。

「そんなん、意味ない」。多感な時期を生きる若者からしばしば聴くことばである。「わたしは生きる価値などない人間です」。多くのひとがわたしにそう語ってこころを鎮めたりもする。このような語りに出会うと、生きるプロセスのさまざまな悩みや苦しみ、哀しみを感じる。「自分なんてちっぽけで、無力で、どうせ何の価値もない」。多くのひとのそんな内なる語りを、心理臨床家はこころに抱える。自分の前に立ちはだかる、乗り越えねばならない壁を越えられなかったとき、関わった相手が自分よりも強靱《きょうじん》な人間で、思わず自分と比較してしまったとき、上司に叱責されてこころが傷つき折れてしまったとき、患者から無能な医者・看護師呼ばわりされたとき。そんなとき、自身の肯定感は打ち砕かれ、「生きる」自信を喪失し、無力感に覆われる。ひとはそれほどに、「生きる意味・価値」に呪縛された生を体験している。

それとは対照的な自然の生にふれたとき、ひとの生が逆照射され、「いのち」を考えさせられることがある。深山《みやま》の桜は密やかに美しく在りたいと咲いているのではない。それはただ、自然の生にすぎない。けれども、その桜を愛しいとみるひともいる。深山の桜のいのちにふれている。また、これはどこかで読んだのだが、余命数ヶ月のあるひとが病床の窓越しから満開の桜を眺めている。もう二度と、咲き集《つど》う桜を愛でることができない自分に気づくとき、これまで幾度となく眺めてきた桜とは異なる桜が胸に迫ってくる。いのちが躍動する姿をそこにみる。

ひとは自然との関わり合いのなかに生きているという素朴な事実がある。ひととの出会いを生きるとき、そこには自然との関わり合いの在りようがもたらされる。

自然はことばを必要としない。ひとはそうした自然との関わり合いにことばを紡《つむ》ぐ。自然から沈黙の声を聴く。

心理臨床は、自然との関わり合いからもたらされる「いのち」を知る営みでもある。何年もの間、生きる意味や価値がないと自身の生を否定してきたあるひとが、「このところ、風が爽《さわ》やかですね」などと語るとき、このひとの「生きる」にいのちが吹き込まれるのを感じる。いのちが季節感を味わっている。

「生きる」はそれ自体で営むことのできる在りようではない。自然との関わり合いのなかで呼吸する営みである。自然はただ黙々と生きている。生きる意味や価値をみずからに問うこともない。心理臨床家の感性が共鳴するのは、そうした自然と出会い関わり合うなかに「いのち」を知る営みをみるときである。

1 沈黙の声を聴く

心理臨床の場には、しばしば沈黙が訪れる。そのようなとき、心理臨床家はどうするだろうか。そのときどきに拠《よ》るのだろうが、どんなときも、沈黙の声を聴く感性がそこになければならない。訪れる沈黙が心地よいと感じる心理臨床家はあまりいない。それほどに、心理臨床はことばによって開かれた世界に絡《から》め取られている。沈黙するひとを前にして、それをひとつの表現として受けとめ、六ヶ月もの間、そのひととの沈黙のときをともにし、信頼のことばを得た心理臨床家、近藤章久《こんどうあきひさ》は、その六ヶ月間が心理臨床家としての修練だったと語る。(2) まさに沈黙によって、心理臨床家の感性は磨かれるのだ。

ここで、心理臨床家としてのわたしの感性が磨かれたときのことをいくつか語ってみたい。

(1) 樹木の声を聴く

樹木は沈黙のことばを語る。ひとはそれを聴くことができるだろうか。それができれば、おそらく世界は変わっている。この世に、もっと謙虚な、もっと慎ましい営みが生まれている。

二〇〇七年、ある心理臨床の場での体験から、いずれその地に導かれると覚悟してから十四年目のこと、これも心理臨床の場で不思議なことが重なり合って、偶然その道が開かれることになった。(3)

その年、単身、アウシュビッツ強制収容所跡（現在は「アウシュビッツ＝ビルケナウ博物館」と呼ばれている）を訪れた。見る者を圧倒するその広大な負の遺産は、敷地内のバスで第二強制収容所ビルケナウとつながっている。そのビルケナウのもっとも奥まったところに、通称「ホワイトハウス」と呼ばれるガス室跡があった（図２）。アウシュビッツ博物館には絶え間なく数多くのひとが訪れるが、この地まで足を延ばすひとはほとんどいない。その日も、ひっそりと静まりかえったその空間にはわたししかいなかった。わたしと破壊されたガス室の瓦礫《がれき》とそして樹木たち。前日はガイドとともに訪れた。その場に向かう一本の道を歩き出すとき、ガイドはこう語った。「ここ二年ほど、この道は歩いていません。この道はユダヤ人にとって死出の道だったんです。トラックに乗せられて、殺されるために運ばれていった道です。わたしはこの道を歩くとき、膝ががくがく震えるんです」。その道を今日は歩くという。並んで歩みをともにする。足音以外、何も聞こえない。映像で見れば、爽やかな山間の散歩道さながらのこの道は、人間の愚行の真実を伝えている。歩かなければわからない。膝が震えるのも当然だ。ふたりはことばを交わすこともなく、ゆっくりと、黙々と、歩み続ける。

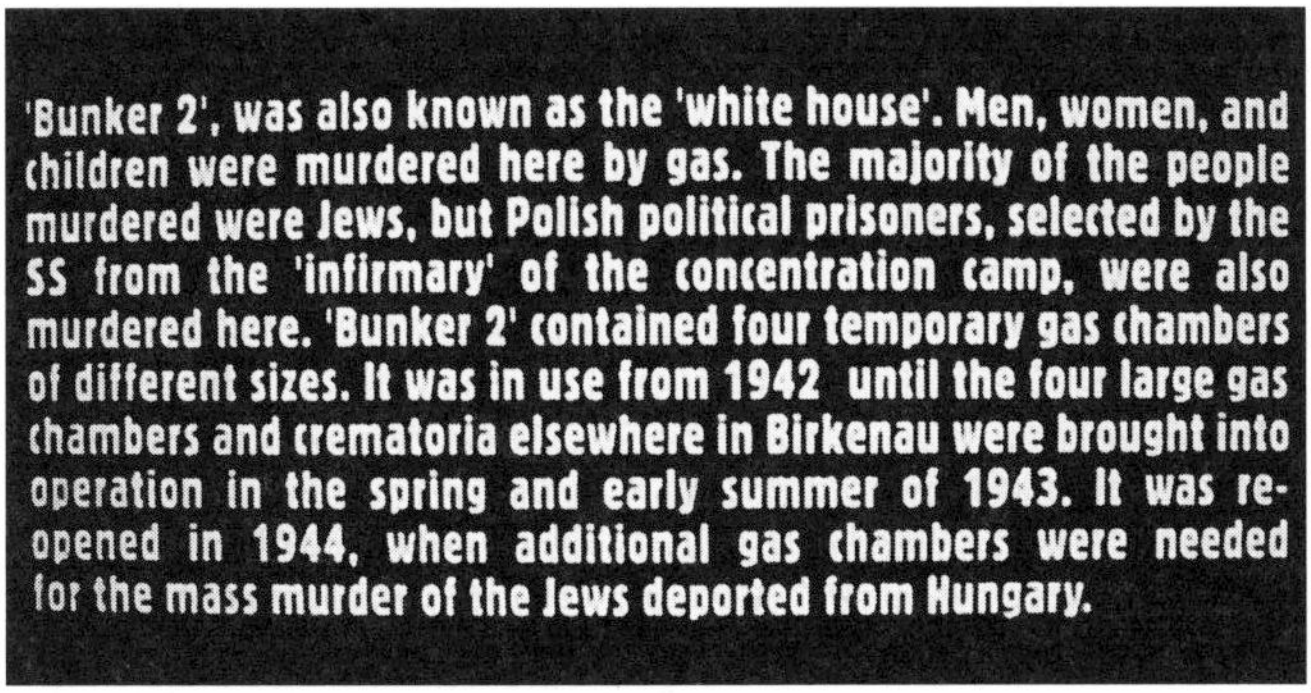
'Bunker 2', was also known as the 'white house'. Men, women, and children were murdered here by gas. The majority of the people murdered were Jews, but Polish political prisoners, selected by the SS from the 'infirmary' of the concentration camp, were also murdered here. 'Bunker 2' contained four temporary gas chambers of different sizes. It was in use from 1942 until the four large gas chambers and crematoria elsewhere in Birkenau were brought into operation in the spring and early summer of 1943. It was re-opened in 1944, when additional gas chambers were needed for the mass murder of the Jews deported from Hungary.

図２　アウシュビッツ強制収容所跡（現在のアウシュビッツ＝ビルケナウ博物館）のプレート

　どうして行かねばならないと覚悟したのだろう。何に呼ばれてここまで来たのだろう。深く重い気持ちを抱いて、そんなことを想っていたわたしは、いつしかことばのない深海に沈潜していた。緩やかに右に曲がると、視界が少し開けてきた。行き着いたそこは、まったき静寂のなかにあった。わたしとガイド以外は誰もいなかった。対照的な美しい緑と瓦礫。ふと声がやってきた。「ガス室で殺されたユダヤ人はここで野焼きにされたんですよ。それからハンマーで叩き割られて池に捨てられたんです」。その途端、美しい緑からひとが燃える炎と煙が立ち上ってきた。怖気《おぞけ》が身体を突き抜けた。沈黙は声を荒げてあ

図３　四体の慰霊碑

の日の惨劇を伝える。四体の慰霊碑がその惨劇を見守っていた（図３）。鎮魂の音が響く。

翌日、わたしはふたたびその場に引き戻された。呼ばれたのだ。わたしの心理臨床の始まりは、幼少期の祖母の死まで遡《さかのぼ》る。そのときの体験がわたしをこの場に運んできたのだ。まったく音のない静謐《せいひつ》なときのなか、わたしのいのちは死にふれていた。

どれほどのときが経っただろう。振り返ると一本の大樹（図４）。惨劇のときからそこに在り、ただひたすら呼吸していた樹。何も語らず、すべてを知って。この大樹の沈黙の声にわたしは耳を澄ませていた。

四体の慰霊碑には、それぞれの言語で（英語・ポーランド語・ドイツ語・ラテン語）、この場で起こったこと、そして鎮魂のことばが刻まれていた。昨日とは違って、それらはわたしのこころを打たなかった。この場で起こったことを真に知るのは、ことばの理解では足りないと、強く感じた。この場が心理臨床の場として機能する在りようのなかに自身を置かなければならない。そう感じたのだ。わたしにはそれがひととして生きる営みだと確信された。野焼きにされた草原に眼を向け歩を進める。深呼吸してその空間に身を置いてみる。此岸《しがん》から彼岸《ひがん》ではなく彼岸から此岸へと吹く風を感じようとして、その場の空気を吸ってみる。少しずつ息苦しくなってくる。さまざまなイメージがよぎる。その当時に起こったことがわたしのなかでイメージとなって像を結ぶ。それらをこころに刻む。このわたしの周囲には無数の死者がいる。わたしは死者とともに在る。そのイメージは強烈だった。

アウシュビッツを訪れるきっかけとなった夢は、さらに深くこころに刻まれた。あのとき、ユング派分析家のマービン・シュピーゲルマンは、わたしがアウシュビッツの夢を見ることを不思議だと言った。いまそのことの意味がわかった。わたしの夢はユダヤの血が流れるシュピーゲルマンのこころの深層、つまり彼岸から吹いてくる風を感じて像を結んだのだ。そして、その夢を通してシュピーゲルマンは自身の生の根源にふれたのだ。心理臨床の場が、まさにいのちのときを生きる営みであることをあらためて想う。

(2) 沈黙する若者

心理臨床の訓練を始めて五年目の頃、ひとりの若者がやってきた。「生きることについて考えたい」というその若者は、夜間学校に通う学生だった。驚いたことに、この若者は、ほとんど口を開かなかった。心理臨床の場を沈黙が覆う。わたしもまた、尋ねることをしなかった。心理臨床家としてまだ駆け出しのわたしは、若気の至りで、沈黙に付き合おうとしたのだ。

一ヶ月経っても、ことばは訪れなかった。さらに一ヶ月が経った。その若者は約束した日時にきちんと心理臨床の場にやってくる。うつむき加減にソファーに腰掛ける。終わりの時刻になったことを告げると、軽く会釈して帰って行く。何のためにやってくるのだろう。こうして二ヶ月も、ほとんどまったくことばも交わさずに会っているこ

図4　アウシュビッツの一本の大樹

とに何の意味があるのだろう。わたしのこころは揺れた。だが、揺れるだけでそこから先には進めなかった。そうして、三ヶ月が経った。わたしは、沈黙に付き合えなくなっていた。とうとう、「あのね、やっぱり話してくれないと何も始まらないと思うんだけど」。若者の顔にほんの少し赤みが差した。そして、ちらりとわたしを見た。けれども、その口からことばが紡がれることはなかった。わたしのことばはこの若者には届かなかった。届くはずがなかった。

翌週以降、約束の日時に、姿を現すことはなかった。沈黙までもが消えていった。わたしは、この若者の沈黙の声を聴くことができなかった。その沈黙は、いったい何を語っていたのだろうか。もちろん、「生きる」である。「生きることについて考えたい」と申込票に書いたこの若者は、心理臨床の場で考えていたのだ。沈黙はその姿だったのだ。それをともに考えるに値する相手かどうか、わたしを見たてていたのだ。わたしにはそれがわからなかった。いまのわたしなら、この若者と出会ったらどのようにするだろうか。かつてよりは、沈黙の声を聴くことができるだろうか。

六ヶ月もの間、沈黙をともにした心理臨床家、近藤章久の強靭《きょうじん》さを想う。ひとを知る深さを想う。そして、心理臨床の怖さを思い知る。いのちに深い傷を負ったその若者とは、二度と会うことはできない。「死の床に臨む」。まさに心理臨床の場での真実がここにあった。もし、その若者が何かを語ったとして、わたしに何ができただろう。何かが始まったのだろうか。

近藤章久は、六ヶ月間の修練のときに宗教的な経験が役に立ったと語っている。(4) そう思うと、親鸞の「自然法爾《じねんほうに》」が浮かんできた。人智を超えた大いなるものによってひとは救われる。沈黙の場という大いなるもの、宇宙（コスモス）によって抱えられていた場を、わたしは我欲によって乱してしまった。この若者から教えられたことは、心理臨床の本質だった。

（3）激しい怒りと沈黙

先の若者との出会いから二十年あまり経ったあるとき、わたしは、激しい怒りを向けるひとの罵声《ばせい》の渦のなかにいた。ことばを挟む余地のない、為す術《すべ》のないときだった。ふと声が止んだ。そのひとは沈黙していた。じっとわたしを見つめる。射すような視線。このひとの沈黙の語りを聴くときが訪れた。

わたしはどのような在りようでこの心理臨床の場にいることができたのだろう。そのひとの赤くなった瞼《まぶた》から涙が伝い始めた。沈黙はしばしば語り以上にそのひとを伝える。ヒューマニズムよろしくこのひとの辛かった過去を想ってみても、専門家として理論を駆使して理解してみても、それは沈黙の語りを聴いたことにはならない。そのひとのみに拘泥《こうでい》しているだけでは、いのちのときを生きるそのひとに寄り添ったことにはならないのだ。

河合隼雄は、批評家の若松英輔《わかまつえいすけ》に次のように語ったという。「目の前にいる人は、日常生活のなかで、ある試練に直面している。現代社会には同様の日々を送っている人物は少なくない。この人物もそのうちの一人だと考えることもできる。しかし、自分にはそう思えない。どのクライエントに向き合うときも、必死に今を生き抜こうとする人類の代表者として会う」[5]。わたしの前で沈黙し涙を流すそのひとは、「必死に今を生き抜こうとする人類の代表者」なのだ。センチメンタリズムの通用しない心理臨床の場がそこにある。

心理臨床家はいかにしてセンチメンタリズムを超越することができるのだろう。親鸞《しんらん》の「自然法爾」や明《みょう》恵《え》の「阿留辺幾夜宇和《あるべきようわ》」[6]、また加藤清《かとうきよし》の「根源的自律性」[7]はそうした在りようを語ることばであり、それはまたコスモロジー（宇宙論）でもある。

このように思うと、使い古されたことばだが、「受容」について再考する必要性を感じる。このことばは、これまでそうであったように、ひととひととの関係という枠組みで理解されるが、それだけでは、あまりに軽すぎる。このことばは、人智を超えた世界・宇宙（コスモス）とひととの関係での理解を求めている。心理臨床家はそれに応えなければならない。

遠藤周作《えんどうしゅうさく》の『沈黙』の最後を締めくくる次のことばがある。踏み絵を踏み「転びのポウロ」となった司祭ロドリゴはこう語る。「……私はこの国で今でも最後の切支丹《きりしたん》司祭なのだ。そしてあの人は沈黙していたのではなかった。たとえあの人は沈黙していたとしても、私の今日までの人生があの人について語っていた」[8]。ロドリゴは沈黙を生きることを通して神に受容されたのである。

三年前、長崎の外海を巡った（図5）。『沈黙』の舞台になった地だ。遠藤周作文学館近くの石碑に次のことばがあった。沈黙の語りである。「人間がこんなに哀しいのに　主よ　海があまりに碧《あお》いのです」。沈黙の碑と、刻まれたそこから見る海は痛いほどに碧く美しかった。

わたしはこの語りに、ひとの「生きる」の尊さの声を聴く。自然はただそうであり、ひとは不完全である。ひとは、美しさと同時にそうなることのできない運命を自然に感じる。不完全だからである。その不完全なひとが「生きる」ことにこそひととして生きる尊さがある。そして、宇宙に受容されるときの体験を通して、ひとはその不完全さに愛しさを感じる。この語りは、けっして、ひとと海、つまり自然との対立から発せられたものではない。その対立が主、つまり宇宙によって受容されることを希求する、ひとの切なる訴えなのである。

図5　長崎の外海

心理臨床家は神ではない。しかし、心理臨床の場で、このような語りが生まれるときを待たねばならない。

そこには、祈りに近い全《まった》き受動性と、それ自体がそのままに在り続けるトポスがある。為す術なく殺されていったユダヤ人の声を聴き沈黙する大樹。その声に耳を澄まそうとしたわたし。聴こうとしても聴くことはできない。コスモロジカルに身を委ねて、ひととして、その場にそのまま在り続けることなのだ。真っ赤な目蓋《まぶた》の奥から射すような視線を向けるそのひとの沈黙の声を、心理臨床家としてわたしは聴く。そのひとの人生を含み込んだコスモスのなかに身を委ねて、心理臨床家としてそのままに在り続けるのだ。それは、自ずから然らしむ姿と言えるだろう。

2 自然を知る

明治期に輸入された“nature”の語は、「自然《しぜん》」と訳された。それは人間と対抗する野生や原生林などを意味することばとして、くらしのなかに定着していった。ところが、日本人のくらしには、対立図式としての自然ではなく、ひともまた自然の一部であるという世界観があった。それが「自然《じねん》」である。このことは、宗教観や思想の違いから論じることもできる。だが、ここではその議論は止めておこう。心理臨床家としては、「自然《しぜん》」を知ることから「自然《じねん》」に至るこころの道筋を体験し、それによって感性が磨かれることのほうが尊い。対立する自然のなかに身を置いて、そこから、「生きる」を通して「感性」が磨かれていく。そのプロセスには「臨床的想像力 clinical imagination」[9]が機能し、「感性」は、「臨床性 clinicality」[10]として息づく。

(1) 樹を植える

五月晴《さつきば》れのある日、二本の樹を植えた。枝振りの勢いがある樫《かし》の木と桜の幼木。いずれも、ひとの手によって運ばれてきたものだ。それを、ひとの手を借りながら丁寧に植えたのだが、素人仕事であることに変わりはない。翌朝、窓越しに樫の木が倒れているのを見た。風の通り道に当たっていたのかも知れない。今度はより深く土を掘った。「しっかりしろよ。がんばれよ」と樫に声をかけながら植え直した。このとき、わたしと樫との間には、慈《いつく》しみの感情が生まれていた。添え木を得た樫は、無事に夏を越した。桜の幼木は、植樹時と同じ姿を日々見せていた。

晩秋になって、樹木の雪囲いをした。これもまた素人仕事だ。樫の木はわたしの背丈をはるかに超えていて、とても満足な雪囲いにはならなかった。去年は積雪が少なかったから、この程度の雪囲いで何とかなるだろう。しっかり夏も越したことだし。このとき、樫とわたしにこころの距離ができていた。桜の幼木のほうは、素人としては納得できる雪囲いになった。

冬になった。その年は大雪がやってきた。桜はもちろん、樫も雪に埋もれた。辺り一面雪の原だった。数ヶ月が経ち、雪解けが始まると、樫は少しずつ姿を見せ始めた。それは、ひと冬を乗り越えたというには、あまりに痛々しかった。主幹はかろうじて生き残ったものの、空に向けて生き生きと伸ばしていた枝のほとんどは、雪の重みに耐えることができなかった。無残な姿だった。主幹から引きちぎられたり、地面に這《は》うように曲がっていたりした。

雪が解けていくにつれ、桜が姿を現した。こちらはほぼ無事で、しかも蕾《つぼみ》が付いていた。まさに豪雪の冬を越し、いま近しと開花を待つ生命力をたたえた姿だった。

自然《しぜん》が樫や桜に特別な計らいをしたわけではない。等しくひと冬を体験したに過ぎない。それに比べて、ひとは愚かだった。あれほど手をかけて慈愛の情を生んできた樫の雪囲いを、浅はかな考えでもって疎《おろそ》かにした。わたしは、丁寧に、こころを込めて樫の枝接《つ》ぎをした。樫が、心理臨床の場で出会うひとであったら、どうだったろう。そう想うと、祈るような気持ちだった。それからというもの、樫がわたしのこころに宿った。いま、樫はどうしているだろう。日ごと、そう思うようになった。樫を植えたことは、わたしにとって「いのち」を知る体験であった。それは、死への希求を呻き続けた祖母の姿と重なった。東日本大震災の後、東北の地で出会った多くのひとたちの姿と重なった。数日後、桜の蕾が二輪、開いた。花を見つめるわたしは花に見つめられていた。その花は慈眼だった。

樫も桜も、自ずからそう在るように、生きている。ひとに手を加えられてもなお、自然《じねん》のときを生きている。知らないのはわたしだけだ。「生きる」。このたった三文字が含む真実を、わたしはまだ知らない。

(2)『はるにれ』

心理臨床の場に身を置いて間もない三十代の頃、「生きる」に苦しむあるひとが写真家、姉崎一馬《あねざきかずま》の『はるにれ』を教えてくれた(11)。

心理臨床の場を訪れるひとは、独特の感性で世界を見ている。その感性が捉えた書物を教えてくれることも多い。そのようなとき、心理臨床家は、そのひとが書物にこころを寄せる感性にふれようと、自身もまたその書物をひもとくことが多い。訓練時代、ケース・カンファレンスでそうした報告があると、河合隼雄は決まってこう言ったものだ。「あんた、この本、自分でも読んでみたか」。そのことばはいまもわたしの耳に響く。さっそく『はるにれ』を開いてみた。驚いた。ことばがひとつもないのである。それはまさに、自然の姿を観なさいと、自然の声を聴くようにと伝えていた。

秋が来て落葉が始まる。そして迎える厳しい冬。激しい吹雪に見舞われる楡《にれ》の大樹。枝々にはすでに雪が積もり始めている。堪え忍ぶ季節の到来だ。大地は一面の雪景色。いのちあるものはひっそりと呼吸を鎮める。空に向かって凛として立つ楡の樹も、いっそう静かに、おごそかに季節の内にその身を委ねている。やがて、枝に積もった雪は吹雪とともに凍りつく。樹氷だ。朝になり夜が来る。そんな日々がいったいどれほど積み重ねられたであろう。いつ終わるとも知れぬ長い冬。あるとき、大地に緑が蘇ってくる。新たないのちが芽吹くときだ。厳寒の冬をただただ受け入れ、そして堪え忍んできたプロセスを生きて、そうしてもたらされた生命の息吹。その大地に立つ楡の樹は少し嬉しそうだ。月明かりの一夜を経て、楡は鮮やかな若葉を枝一面に拡げる。生命の躍動、いのちを感じるとはこのようなことをいうのだろう。それは、いのちの継承とも言える。

自然の在りようは人間の変容になぞらえられる。それは、人間が創られていくことである。「人間は死ぬほどの体験をしなければ、そうは簡単に変わらない」との、河合隼雄のことばが聞こえる。心理臨床は、自然との関わり合いからもたらされる「いのち」を知る営みであることを忘れてはならない。

実はわたしは、この楡の大樹にどうしても出会いたくなり、その当時、北海道の十勝平野まで出かけたことがあった。そこで出会った、たった一本、広い大地に静謐に厳かにいのちのときを生きる楡の樹の姿は、それを教えてくれたそのひと自身に映った。それから十年あまりが経ち、わたしは自身のこころのなかを彷徨するときを生きていた。心理臨床家として超えなければならない壁と向き合うため、一九九三年、海を渡りロサンゼルスに、分析家のマービン・シュピーゲルマンを訪ねた。[12] そのとき、わたしとともにあったのは『はるにれ』だった。

3 描画との出会い

ある精神科医が晩年になって、医師としてのみずからの人生五十年は、治療の歴史ではなく収容の歴史であったと、講演会で語り始めたことがあった。精神科病院の歴史の一側面を言い当てた表現である。

わたしが三十年あまり前に勤務していた単科精神科病院も、その当時ですでに開設三十年以上を経ていた。

四百床あまりの閉鎖病棟は、特有の臭気に満ちていた。その病院の片隅に四畳ほどの狭い部屋があった。そこがわたしの心理臨床の場であった。勤務当初は、現実と隔絶した感があるその場に、わたしは馴染めなかった。勤務終了時刻になると最寄り駅まで走ったものだ。しかし、ほどなくわかるのだが、そこは、描画をとおして心理臨床家としての感性が磨かれる、わたしにとってこれ以上は望めない場となった。

(1) 故郷との出会い

この病院でくらす中年の男性は、あるときわたしの求めに応じて風景構成法をすることになった。色を塗り終えた後、ふたたびサインペンを執ったそのひとは、作品の左側に、「懐かしかな我がふるさと」と記した（図6）。明らかな精神疾患の特徴を見せるその作品は、このことばが記されるや否や、わたしにはそうした特徴で表現することが稚拙に感じられるほどに、生き生きしてきた。このひとがいのちのときを生きてきた歴史が一気にわたしに押し寄せてきたのである。わたしには、このひとが描いたのは、若き頃にくらしたふるさとの風景だと確信された。

紙面の右上には、ひとの顔と線状の全体像が、風景から区切られて描かれた。それはちょうど、卒業アルバムの全体写真で、欠席者が置かれる位置でもあった。もう、どんなことがあってもこの風景の地にふたたび足を踏み入れることはで

図6　中年男性の風景構成法作品

きない。このひとはそのことを知っている。しかし、このひとのなかには懐かしい風景がまだ生きている。「懐かしかな我がふるさと」。このひとは風景構成法をとおしてふるさととの出会いを生きたのである。

(2) 風景との出会い

十数年前、寒さが厳しくなった冬のある日、地方都市での講演のため、わたしは車中にいた。山間部を走る車窓からの雪景色を何気なく眺めていたそのとき、一枚の風景構成法作品が蘇ってきた。まさにそのためにこのときがあったとでも言えるほどに、鮮烈な瞬間だった。

わたしは、心理臨床家になるための訓練の時代に「風景構成法」という描画法を知り、その魅力に取り憑かれ研究を重ねてきた。そして、『風景構成法』と題した一書を世に出したのだが[13]、そのなかで取り上げたある事例の描き手による一枚の風景構成法作品。それをわたしは出版以来ずっと抱え続けてきた。その女性との心理療法のプロセスのなかで描かれたその作品が、心理療法の流れのなかにどのように位置づくのか。それがわたしにはわからず、当時、拙著にこの作品を取り上げ検討することができなかった。けれども、この作品が醸し出す独特の雰囲気はわたしを捉え続けた。拙著出版の十年後の書物で取り上げたが[14]、それはまた別の視点からであった。

この女性は、心理療法のなかで、風景構成法やバウム・テストを数多く描いたのだが、この作品は、描き手が状態悪化により二度目の入院となり、その後しばらくして、落ち着きを取り戻しつつあったころに描かれたものである。

わたしが画用紙にサインペンで枠づけをしながら、「いつもと同じように、風景を描いてもらいたいと思います」と、サインペンを手渡そうとすると、彼女は「これで（描きます）」と机上のペン立てにあった鉛筆を手にした。このときわたしは、この女性の意思に、想いに、気づかなければならなかった。それまでは治療にたいして素直で従順だった彼女が、みずからの意思を見せたこの瞬間を受けとめる感性がわたしにはなかった。彼女は淡々と描いていくのだが、その描線はほんとうにか細く薄く、そこからいのちのエネルギーはまったく感じられなかった。川、山、田、道、家と順に描いていった彼女は、それ以降のアイテムを描くことはなかった。鉛筆を持ったまま、同じ姿勢を保持し続けたのである。この心理臨床の場は、明らかにこれまでとは異なる様相を見せ始め、特別な緊迫感を抱かせるときとなった。「それじゃあ、いつものように、色を塗って下さい」と口を開くと、このひとは、「水絵の具ありますか?」と尋ねてくる。この心理臨床の場で、あきらかに彼女は、まだ風景と向き合っている。何らかの意思をもって。水彩絵の具の準備が整ったところで、彼女は空を薄い青色で塗り始めた。次いで、右手の山を薄く緑で色づけ、家を茶色に塗った。最後に緑で家の両側を描いて、筆を置いた(図7)。ふたたび筆が持たれることはなかった。

図7　水彩絵の具の風景構成法作品

時計は終了を告げていた。「今日はもう時間だから、続きは来週にしようか」と促すと、彼女は素直に立ち上がる。病棟まで彼女を送った。

当時わたしは、この作品はまだ完成ではないと思っていた。置いた筆をふたたび持たなかったこの女性の意思を、わたしの感性は、受け取ることができていなかった。ところが、不思議なことに、翌週以降、この作品が心理臨床の場に置かれることはなかったのである。その後、彼女は順調に快復し退院して、外来通院でしばらく心理療法も続けて終結となった。その間、数枚の風景構成法が描かれたが、この作品のことがふたりの話題になることもなかった。

この作品は、どこかに置き去りにされていたのだろうか。忘れていたわけではない。そのことは、わたしがこの作品を抱え続けてきたことからも明らかである。この作品によってコンステレート（布置）された世界が、わたしに感じ取れなかっただけである。ファイルのなかで、この作品は密かに呼吸を続け、ときの来るのを待っていたのだ。

この女性との出会いが終わって十年あまりが経った頃、車中でこの作品が蘇ってきた。彼女との出会いは終わってなどいなかった。出会った責任をわたしはまだ果たしていなかったのだ。なんと、車窓からの景色は、わたしにはこの作品そのものに見えたのだった。そしていま冬景色を眺めているわたしは、この女性が高校卒業まで過ごしたその地にいることを知った。

高校卒業後、地元での工場経営が不振となった彼女の家族は、この地を夜逃げ同然で離れたのだった。それは、彼女が二度とこの地を踏むことができないことをも意味していた。その地の風景を彼女は描いたのだ。そうわたしは確信した。再入院し落ち着きを取り戻しつつあったこの女性は、故郷の地を描くことでかつての自分に向き合い、その地で生きた自分を自身の人生に引き受けていこうとしていたのだ。そのことが当時のわたしにはわからなかった。

この女性の人生は、この作品なくしては語れない。この作品は、未完成などではなく、雪に覆われた冬枯れた故郷の風景だった。風景構成法によって彼女は、二度と訪れることのないこの地に出会い、この地で生きてきた自身をみずからの人生の一部として引き受け、そうして生きていこうとしていたのだ。この作品は、そうした彼女の意思を引き受け、彼女の人生を創造しようとしていたのだ。

（3）バウム・テストとの出会い

心理臨床の実践にバウム・テストがある。それはしばしば描くひとの自己像として理解される。その根は大地を踏みしめるひとの足を、幹は成長した身体を、枝は外の世界に向かおうとする手を、樹幹は頭。わたしに最初にバウム・テストを手ほどきしてくれた大先輩のこのことばは、いまもわたしのバウム・テスト理解の根幹にある。

さて、あるとき主治医から不思議な依頼がやってきた。「バウム・テストを介して週に一回、心理療法を行って下さい」。当時、この病院でそのようなことは行われていなかった。しかも、紹介されたひとは、精神病者として閉鎖病棟で二十年余を過ごしていた。病棟の規則を穏やかに守り、ときに独語空笑はあるものの、寡黙で病棟の片隅にひっそりと棲《す》まうひとだった。このひとへの心理臨床の営みの必要性を、主治医はどのように感じたのだろう。まったくもって不思議な依頼から、このひとの人生と、心理臨床の場で出会うことになった。

看護師に連れられ、心理臨床の場にやってきたそのひとは、椅子に腰掛け煙草を吸う。吸い終わると二本目に口をつける。煙草は、止めどなく続く。視線を合わすこともない。わたしには、このひととの心理臨床の場がどうなっていくのか、想像もできなかった。出会いが何かをもたらすとは感じられなかったのである。場には、息苦しい沈黙が流れていた。気持ちの整わないままに、わたしは主治医の依頼に応じて、バウム・テストを提案した。

「実のなる木を一本、描いて下さい」。紙面左上に、さっと「一線幹一線枝」の木が描かれた（図8）。唖然とした。当時わたしは、風景構成法を始めとして、描画の心理臨床研究に傾注していたのだが、この樹形のバウムには出会ったことがなかった。木が木として在るべき最小限度の要素しか描かれていない。大地を踏みしめる足も成長した身体もうかがうことができない。枝は、空に向かって伸びているとは思えない。わ

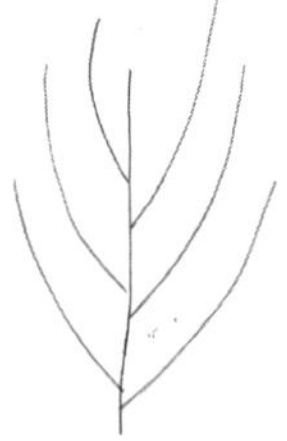

図8　バウム・テスト（1回目）

たしには、この木が命脈を保っているとは感じられなかった。木として見なければ、葉脈のようだ。

　ひとつ深呼吸して描き手を見ると、相変わらず煙草を吸っている。ひとつの作業を終えたという雰囲気ではなく、まるで自分には何ごとも起こらなかったといった風情《ふぜい》だった。

　ふと時計を見ると、まだ十分ほどしか経っていない。あと四十分、わたしはどのように在ればよいのだろう。外から見ればふたりが椅子に座っているだけの光景だが、当のわたしは緊張していた。必死だった。そのとき、河合隼雄の箱庭療法に関する講演を聴いた中井久夫《なかいひさお》が「枠づけ法」を考案したことが想い出された[15]。なぜそのようなことが想起されたのか、当時は、皆目わからなかった。いま想うと、この心理臨床の場は護《まも》られていなかったのではないだろうか。主治医からの不思議な依頼。心理臨床の場が機能することに疑念を抱くわたしの見立て。出会ったときのこのひとの在りよう。描かれたバウム。どれをとってみても、心理臨床の場が護られる要素がない。この場は「護り」を希求していたのではないか。その希求がわたしに描画表現を護る機能のある「枠づけ法」を想起させたのではないだろうか。

　画用紙にサインペンで枠づけをしながら、「では、実のなる木を、もう一本、描いて下さい」。想起された「枠づけ法」は、枠づけバウムとしてこの場にもたらされた。先のバウムと同様にさっと描かれたそれを見て、わたしはハッとした。同じ樹形である。しかし、左右の枝が一本ずつ増えている（図9）。そのことの含意がわかったのである。

たしかに、バウム・テストに基づく心理学的所見を書くとすれば、先のバウムも「枠づけ法」が加えられたバウムも同様の内容になる。しかし、心理臨床にとって不可欠に重要なのは、描くことによって何が起こったのかを知ることである。その当時わたしが知ったのは、枠をつける、すなわち心理臨床の場と表現を護るというわたしの関わり合いに、このひとは左右の枝を一本ずつ増やすことで応えてくれた、すなわちふたりの間に「やりとり」が生まれたということである。それは、ふたりにとって、「関係」が築かれる契機となるできごとだった。わたしは、たしかな手応えを掴んだ。不思議なもので、そうなると残り二十分あまりの時間はまったく長いと感じなかった。秒針がときを刻むクロノスから生きる営みのときを体験するカイロスへと意識が移っていった。

翌週も同様に、まずバウムが一枚描かれた後、「枠づけ法」を加えたそれが描かれた。そのバウムは、驚くことに、「二線幹二線枝」になり、葉のようなものまで付いている（図10）。わたしの手応えは確信になった。このひとと、バウムを介した心理療法によって「関係」が築かれ、心理臨床の営みが展開したのである。

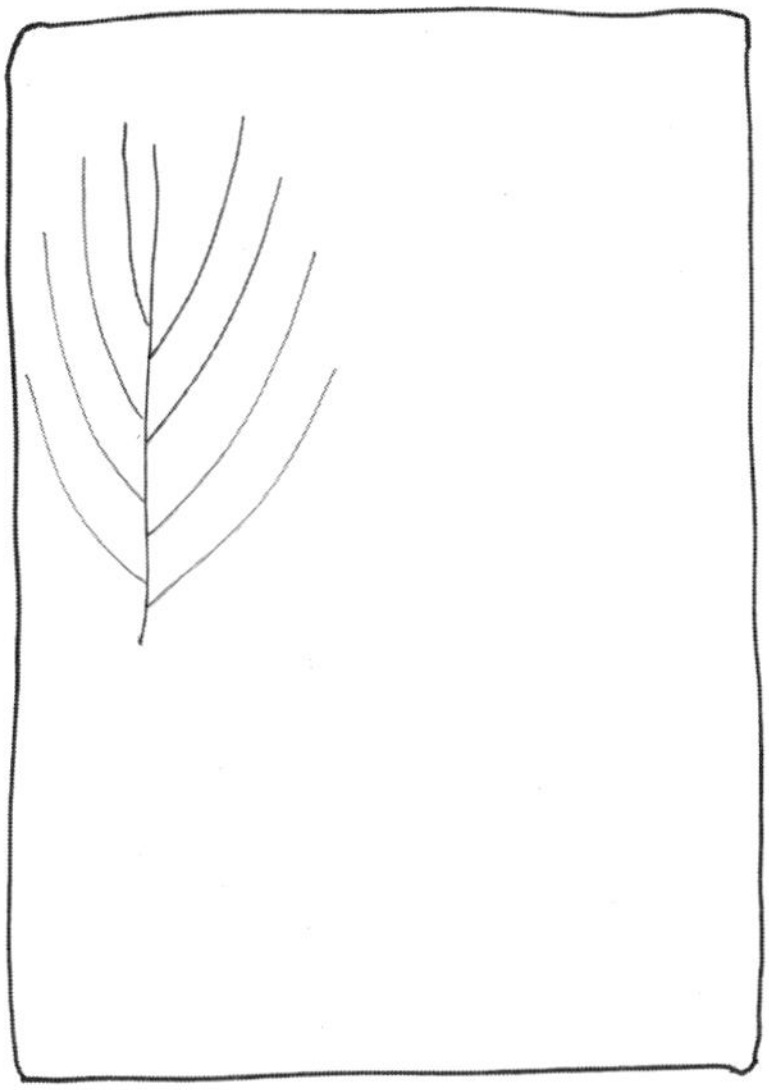

図9　枠付け　バウム・テスト

さらにその翌週には、枠のないバウムにも葉が付いた（図11）。出会いの当初、わたしはバウム・テストに命脈を感じることができなかった。しかし、あのバウムは枯れていたのではなく、密やかに成長のときを待っていたのだ。

しかし、いま想うと、薄氷を渡ったものだと感じる。当時のわたしには、心理臨床の場で生きることの怖さ

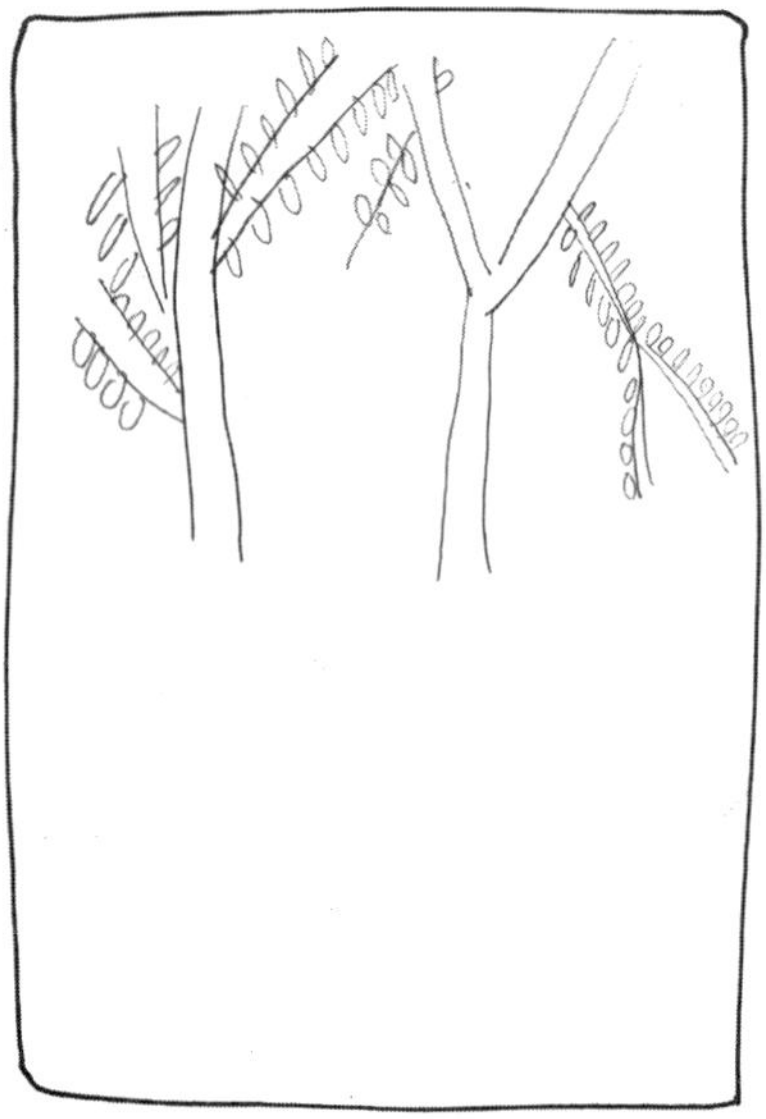

図10　枠付けバウム・テスト（二回目）

がまったくと言っていいほど、わかっていなかった。わたしはただ、枝が増え、葉が付き、幹が太くなったことに、このひととの「関係」の萌芽を感じていたに過ぎなかった。この感性は、起こったことの一面しか捉えていない。端的に言えば、木が豊かになることと関係の構築が歩調を合わせるというイメージでしかない。それがすべてであるなら、描画表現における疎から密という方向は、描き手にとって、病いから健康を意味すると理解することができる。それは単純に過ぎるであろう。

たとえば、この風景構成法作品がそれを何より物語っている[16]（図12）。この作品はたしかに豊かである。しかし、幾重にも塗り重ねられて現出した、霞《かすみ》の彼方におぼろげに映るこの風景は、生命の息吹を伝えてくるだろうか。この作品の描き手のこころは周囲とは隔絶した世界で呼吸しており、ほとんどまったく交流を求めない。「悪しき豊かさ」という表現がある。この作品が「悪しき」とは思わない。しかし、少なくとも外界と豊かに交流するという意味で言えば、描き手は自身の世界のなかを漂っている。外界

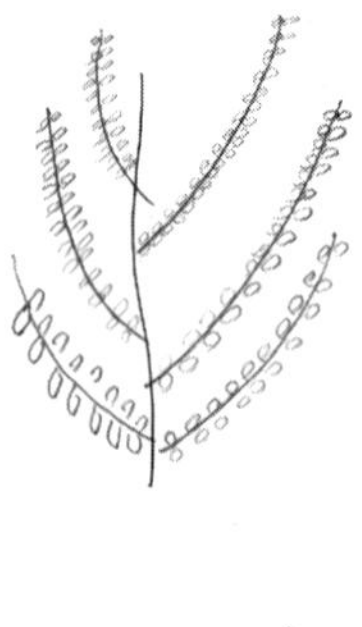

図11　バウム・テスト（三回目）

との豊かな交流をそこに見ることはできない。この意味で、描かれた世界が豊かであることは、「関係」の構築につながるわけではかならずしもない。

しかし、当時のわたしの感性は、件《くだん》のこのひとと関係が構築できると確信していたのである。そうした確信は過信ではあるけれども、それが心理臨床を賦活させたこともまたたしかである。このようにみると、心理臨床という営みが、生々しく呼吸するひととひととの関わり合いのなかから創造されることを、字義の理解ではなく、実践的に痛感する。

図 12　風景構成法作品「悪しき豊かさ」

先のバウムに戻ると、そのひとにとってみれば、バウム・テストとの出会いは、けっして大げさではなく、二十年近く閉じていたこころの扉が開いた体験だったのではないか。必要があって閉じられていた扉。それが開いた。扉のなかから何がもたらされるのか。これまで述べてきたように、その気配を感受する在りようが、当時のわたしには十分ではなかった。

さて、このひととの心理臨床の場での関わりは七年あまり続いた。少しずつではあるがことばがもたらされるようになり、片言の会話ができるようになっていった。バウムの樹形もさらに豊かに変化していった。しかしわたしには、まだこの心理臨床の営みの怖さがわかっていなかった。そんなあるとき、入室するなりこのひとは言った。「先生、コーヒー飲みに行こう」。これにはまったく驚いてしまった。デイケアなどというスタイルは皆無だった当時、このひとの提案に応じることは院外に出ることを意味していた。病院という物理的構造によって護られた空間から外に出ることなど考えられなかった。もとよりわたしは、このひととコーヒーが飲みたいわけでもないし、それが心理臨床の営みとして機能するとも思えなかった。しかし、この提案に曰く言いがたい何かを感じてもいた。このひとは、なぜこのような提案をしてきたのか。ただコーヒーが飲みたかっただけなのだろうか。わたしとふたりでコーヒーを飲む必要性がこのひとにあるのかも知れない。しかし、院外に出ることはできない。とすれば、どうしたらよいのだろう。

心理臨床の場に身を置いていると、ときおりこのような事態に出くわす。どうしていいのか、にわかには判断できないことが起こるのである。そのとき、心理臨床家は何によって支えられているのだろう。心理臨床家の決心や決意の根底には何があるのだろう。一般的には、ここに「見たて」の重要性が強調される。そのことに異論はまったくない。加えて、起こった事態を「関係」からみる視点もまた必要である。つまり、その事態は関係のなかで起こったのであり、心理臨床家の判断によってその事態は関係を創造的にも危機的にも傾斜させていく可能性があるという視点である。そして、心理臨床家には、それが創造的契機となる可能性を見出す感性がなければならない。

このひとの開いた扉のなかからもたらされたもの、それは、このひとの人生の布置である。人生は、さまざまな出会いの体験が織り成す物語である。ひとつひとつの出会いの体験は、さながら星のようにそのひとの人生に光をもたらし、その星々が全体としてこのひとを創っている。そのようにこのひとの人生を見たとき、それらがひとつの星座になっていることに気づく。これがコンステレーション（布置）である。もちろん、心理臨床家によってコンステレーションの見え方は異なるであろう。星は、ある何らかの全体を創ろうとして輝いているのではなく、ただそこにそうして在るに過ぎない。心理臨床家の感性によって星々はつながり、ひとつのコンステレーションがもたらされるのである。

このひとのコンステレーションは長い間凍結し、人生は変化の乏しい日々の連なりになっていた。バウム・テストとの出会いを契機に、微細なレベルではあるけれども、凍結していたコンステレーションは振動し始めた。そして、先の提案がもたらされたのである。

わたしは、コンステレーションが動き始める気配を察知していたのかも知れない。通常であれば院外に出ることなど考えられないにもかかわらず、この提案を無下に断れない何かを感じていた。「たぶん無理だと思うけど、主治医に尋ねてみるからちょっと待って」。医局に電話を入れると、主治医はわたしにこう言った。「どうぞ行って下さい。お金はあなたが立て替えて領収証をもらってきてくれれば事務で払ってもらうように話しておくから」。

主治医のことばに、その意外さに驚くわたしと、それに命脈を保つわたしがいた。主治医の意図はまったくわからなかったが、コーヒーを飲みに行こうとのこのひとの提案とそれを許可する主治医のことば。コンステレーションが動く気配を感じているわたし。心理臨床の場に何らかの動きがもたらされようとしている。わたしは決心した。「主治医のＯＫが出たから行きましょうか」。白衣を脱いだわたしは、ふたりで院外に出た。

その瞬間、後悔した。つい数分前に決心したばかりだというのに。あまりに現実をみていなかった。道路には降園する幼稚園児たちの歓声が溢れていた。もし何かあったら、すべての責任はわたしが取らねばならない。そのことの重圧に押しつぶされそうだった。物理的な護りがあることがどれほどたいせつかを痛感した。

後悔と不安に満ちたわたしの横で、このひとは上機嫌だった。病院にもっとも近い喫茶店。そこは夕食の買い物を済ませたひとたちの日常の場だった。心理臨床の場から日常の場にやってきたふたりは明らかに異質な存在だった。ふたりに向けられる視線やひそひそ話は、排除の思想そのものだった。ふたりは病院から外に出てはいけなかったのだ。そう、強く思った。けれども、こうなった以上、わたしはこのひとを守らなければならない。このひとの人生をいのちがけで守らなければならない。わかってはいても覚悟が定まらない。そんなときに店員が注文を訊きに来た。明らかに迷惑そうだ。するとこのひとは、「ホット、ツー」。そして、周囲のことなど意に介さず、テーブルに置かれた水を一気に飲み干し、チンピラ風の声音で、店員にお替わりを頼んだ。服薬の副作用で口渇感があったのだろうと推測しつつも、わたしはいたたまれなかった。

往復の時間を入れておよそ三十分、ふたりは日常の場に身を置いた。そして、病院に戻っていった。このひとを病棟に送り届けたわたしは、困惑の渦中にいた。今回のことはおそらくこのひとにとっては楽しい体験だったろう。きっと来週もまた同じ提案をしてくるに違いない。そのとき、どう応じよう。それにしても主治医はいったい何を考えているのだろう。わたしはまったくどうしていいか、わからなかった。

一度は決心した。しかし、現実はあまりにも厳しかった。コンステレーションの振動の気配を察知したなどと言っても、それがどのような方向に変化するのかはわからない。もとより、現実的・常識的理解を超えたことなので、わからなくて当然と言えばそうなのだが、今回のことは、心理臨床家としてのわたしの許容量を超える事態だったとの実感が強かった。

しかし、心理臨床家として、こうしたときをともにしたことの責任を果たさなければならない。そのことははっきりと自覚していた。河合隼雄が不登校の子どもを自宅に入れた事例が浮かんだ。[17] その事例は、「深いが親しくない関係」という表現で心理臨床の場と日常の場を分けることの重要性を論じつつも、心理臨床の実際はかならずしもそうなるわけではないこと、日常の場にクライエントを入れるときは、そこに心理臨床家としての覚悟・決心がなければならないことを語ったものだった。今回、わたしはたいした覚悟も決心もなくこのひとと院外つまり日常の場に出てしまった。次回もそうするのであれば、そうとうな覚悟・決心が必要だ。しかし、どうすればそうできるのだろう。ましてや、このひとの精神病理の深さからすると、いい加減なことではすまされない。

さまざまに想いを巡らせながら、わたしはカルテを読み返してみることにした。そのとき、次のような記述が眼に入った。このひとの発病当時のことだった。「高校三年生のとき、学校をさぼって不良仲間と喫茶店でたむろしていたときに、幻聴初発。『死ね』という強い声が聞こえて錯乱状態となり、そのまま入院」。以来、このひとは閉鎖病棟でくらし、二十年余のときが経っている。「そうか!」。ひとつの確信がもたらされた。バウム・テストを通して少しずつわたしとの関係を築いてきたこのひとは、これからはそれをもとに、発病したときからの人生をもう一度創り直そうとしているのではないか、と。過去の人生を創り直すことはできないが、少なくとも体験が新たに創造されることはあるのではないか。たしかにそう思うとき、次回、このひとの提案に応えることのできる心理臨床家としての自分がいることに気づいた。

こうしたことはわたしの勝手な連想である。思いつきと言ってもよい。しかしそこに、心理臨床家として生きようとするわたしの覚悟が呼吸していることも、またたしかである。およそ生々しく呼吸する関わり合いのなかに心理臨床はある。その関わり合いが生きたひと同士の営みである以上、予想を超えた事態、不可解かつ不可避の事態がもたらされる。翻って、心理臨床の場を訪れるひとはみな、そうした事態の体験を生きてきたひとたちである。わたしは思うのだが、実のところ、そうしたひとたちが心理臨床の場を訪れるのは表面的な事実に過ぎず、本質は、そうしたひとたちによって、聴き手である心理臨床家がひととして「生きる」を体験させられているのではないだろうか。そのように心理臨床の場は呼吸する。だからこそ、その場での関わり合いがもたらすものが創造なのか破滅なのかは、心理臨床家の在りようによるのである。この意味で、心理臨床はつねに危険性との接点に在る。

喫茶店通いは、およそ三ヶ月続いた。そんなあるとき、このひとが言った。「先生、一緒に酒飲みに行こう」。即答した。「それはできません」。以来、喫茶店通いはなくなり、心理臨床の場は新たな展開を見せていった。

おわりに

心理臨床の場にもたらされるもの。それを感じ取る力が心理臨床家には不可欠である。心理臨床がひととひととの関わり合いの場に登場して以来、その力は「傾聴」「受容」「共感」「人間理解」などといったタームで表現され、それを身に着けるためにさまざまな訓練が試行錯誤され産み出されてきた。けれどもそれらは、机上の理解という脈絡に絡め取られていった。次第に、そうしたタームは軽々に扱われ、ことばに込められた真意は置き去りにされていった。こうしたことの背景には時代性も大きく関わっていた。科学的合理性は、ひとが生きる複雑な在りようをシンプルにし、「生きる」をモデル化していった。そのようにして、心理臨床の場にもたらされるものを感じ取る力も、タームとしては理解可能だが、その実践はきわめて困難になっていった。それどころか、心理臨床そのものも理解の次元に居場所を見つけたかのような現状である。

心理臨床は、出会いを生きる「いのち」の営みである。そう冒頭に述べた。それはまた、自然との関わり合いからもたらされる「いのち」を知る営みでもあるとも述べた。営みの視線から「生きる」を取り戻したい。それがわたしの真意である。

二十年ほど前、心理臨床の場に濃厚に身を置いていたあるとき、ふともたらされたことばがある。ことばがやって来たのである。「要は生きるということです」。それは、こころの深部を貫いた。以来、「生きる」はわたしにとって心理臨床の中心に息づく在りようとなった。ひとの「生きる」をただただ考える心理臨床が始まった。それは、ひとがいのちのときを終えるまでの人生を考える心理臨床へとつながっていった。

第3章
「生きる」からの視線

はじめに

青年期を生きるある女性が心理臨床の場にやって来た。身体ごと苦しげな雰囲気を漂わせている。寡黙でほとんど語らないその女性は、自身の出生が受け容れられずにいた。自分がどうしてこの家系に生まれてこなければならなかったのか。それがわからなかったのである。ほとんどのひとは、このことを問いとして引き受けることはない。あったとしても一過性である。「どうして自分はこんな家に生まれてきたのだろう」と問うてみても、嘆いてみても、それは受け容れて生きるしかないことなのである。しかし、そのことを、直接的ではないにしても身体の不全感で訴えるひとがいたりする。このひとは、自身の「生きる」を身体から切り離して、身体を自分とは別物であるとして生きていこうとしていた。そうした「生きる」は「死」に近い距離にある。

あるとき、このひとは次のように語った。

先生、わたしにとっては先生のところに行くのも、自転車でぶらぶらするのも同じなの。ほんのちょっとハンドルが右を向けば先生のところに行っているわ。でもほんのちょっと左に向けば雑踏に向かっているの。どちらにしても、わたしには同じことなの。

当時のわたしは、この語りの意味するものを感じ取れずにいた。心理臨床の訓練を始めて四年が経った頃だった。いま、あらためてこの語りに接するとき、この女性と世界との関係という脈絡が強く意識される。心理臨床の場と雑踏。このふたつの世界は、このひとにとって区別するようなものではないのである。そのときの、意思とは関わりのない、偶然のハンドルの向きだけが世界を選択する。世界とのつながりの圧倒的な希薄さ。それは、生きていることすら死であるかのような体験ではないだろうか。心理臨床の場を訪れるひとの、そうした体験の語りを受けとめる感性。当時のわたしにはそれがなかった。いったい、そうした感性が磨かれるには、心理臨床家に何が必要なのだろうか。

1　現代を生きる

心理臨床の場は、多くの「生きる」に満ちている。その「生きる」にじっと耳を傾けていると、そこから、ひとの厳しさ、哀しさ、静謐さ、冷徹さ、優しさ、過酷さ、愛おしさ、残酷さ、尊さ、不思議さなど、ほんとうに多様な声を聴く。それらを、その温度そのままに感じること。それが「生きる」からの視線であり、そこからひとを見つめる在りようである。けっして理論のフレームを通して見るのではなく、まず「生きる」からの視線で、ときに密やかにときに暴力的に呼吸するひとの生きる営みの在りようを、心理臨床の場に置いてみる。「生きる」からの視線。それはひとの生きると、そのひとが関わる環境・社会をつなぐまなざしである。

なぜそれがたいせつなのか。そこには、時代性との深い関連がある。よく知られた事実だが、心理臨床の営みは、経済的に豊かな国にしか存在しない。高度成長期以降、日本人は近代化によって経済的な豊かさを享受してきた。くらしは近代的合理的になっていった。その一方で、一九七〇年代の頃だが、当時「学校恐怖症」と呼ばれた、学校に行かない子どもたちが教育の場の関心事になっていた。これは、「不登校」という表現で現代の「生きる」テーマにまでなっている。また、摂食障害と呼ばれるひとが医療の場の関心事になっていったのもこの頃からである。摂食障害はいまもなお、医療の場では治療困難な病いとされている。不登校も摂食障害も、心理臨床の場における、ひとの「生きる」と現代社会とのつながりを語る大きなテーマである。

社会は豊かになり近代的・合理的になる一方で、それを享受しない(できない)ひとがいる。身近に見渡せば、それがけっして対岸の火事ではないことがわかる。ひとの「生きる」に、何が起こっているのだろう。心理臨床の場で、「生きる」からの視線でひとのくらしを知るとき、ひとの語りを聴くとき、経済的豊かさ・近代化によって、何かを何処かに置き忘れてきたことに気づく。心理臨床の営みとは、それを快復することでもある。いたずらなヒューマニズムや人間中心主義ではなく、「生きる」とはどういうことなのかを、ひとひととして誠実に謙虚に考える視座。そこに「生きる」からの視線が必要になる。心理臨床家はそうした世界に呼吸する存在である。

近代化とともに、ひとの営みの在りようは大きく姿を変えた。そしていま、その営みの歯車が軋み始めている。その軋みの音を多くのひとびとは聞くともなく聞いている。心理臨床家を訪れるひとは、その歯車の狂いを伝えに来ているように、わたしには感じられる。

「生きる」に悩み苦しむひとが語りに来る。抱えている悩みはさまざまだが、いずれ「生きる」に深く悩むひとであることはまちがいない。現代という時代の仕組みは即座には変わらない。悩みももちろん簡単にはなくならない。ひとは簡単には変わらない。外も内も「変わる」にはときが必要だ。だからこそ、心理臨床の場には、そのなかで「いかに生きていくのか」というテーマが置かれる。悩みを抱えて生きてゆける強さを培っていくプロセスが始まる。それは、現代が求める効率化や合理性、速効性とはほど遠い道のりである。しかし、そのプロセスは、ふたりにとって、真にかけがえのないものだ。数え切れないほどの語り合いを重ねた末に、「わたしはもう自分の力で生きていくことができます」とのことばがもたらされる。ふたりの臨床の道のりの終わりを告げることばだ。語り手が「生きる」原点に立つそのときは、新たな始まりのときでもある。

2　くらしからの学び

先にも述べたが、自然と対話しながら、自然から学び生きるひとの語りには、現代社会で生きるわれわれにとって、ほんとうにたいせつな心理臨床の知が含まれている。このように感じ始めたのは、十数年前、心理臨床を始めて二十年近く経った頃だった。その頃のわたしは、心理臨床の場に息苦しさを感じていた。心理臨床家として新たな何かが必要なときだった。

京都駅で新幹線の時間待ちのために書店に立ち寄った。『炉辺夜話《ろへんやわ》』なる書名が飛び込んできた(1)。まるで密やかにわたしを待っていたかのように。心理臨床の領域とは一見無縁の書である。副題は「日本人のくらしと文化」。曰く言いがたい魅力を感じた。それを手に新幹線に乗り込んだ。

わたしは、心理臨床家になるための訓練を自分が納得できる程度には受けてきた。そして、心理臨床家として多くのひとの語りを聴く日々を送っていた。ところが、先に述べたように、欠落感を抱えていた。心理臨床実践の基盤である臨床心理学の方法論に大きな疑問を抱くようになっていたのである。心理臨床がこれまで光を当ててきたのは、「症状」や「問題行動」というフィルターを通した人間理解である。それは「くらし」に光を当てるものではない。苦悩の要因の探照灯にすぎない。もちろん、それはひとつの体系を成し、人間のこころの理解に大きな貢献を成してきた。ただ、わたしという心理臨床家は、そこに欠落感を抱いてしまう。このことは、否定しようがなかった。心理臨床を症状なり問題行動といった次元でのみ理解することに息苦しさを感じていた。心理臨床の場に訪れるひとは、ひととして生きる「生活者」ではないのだろうか。そう感じるようになっていたのである。生活者。そのことが根本にあるべきではないか。そう考えるようになっていたのである。

ひとりの人間が生きるというのは、途方もないことである。「いかに生きるのか」というテーマはここからもたらされてきた。もちろん、症状や問題行動を抱えて苦しむひとは数多いし、そうしたひとへの心理的援助というアプローチが心理臨床の場の中心にあることは疑いない。けれども、そうしたひとが生きている「生活」「くらし」にもっとこころを寄せてみるベクトルがあるべきだ。そのように考えて一書を世に出すこともした。(2)

いまのわたしは、慢性疾患である糖尿病やがんを抱えて生きるひとの語りを聴くことが多い。そのことは、こうしたわたしの心理臨床にたいする思想の流れからの必然的帰結でもあった。

慢性疾患を抱えて生きるひととの出会い。その語りを聴くとき、わたしはどのように在ればよいのだろう。「治らない」という厳粛な真実の前に、わたしはどう在ればよいのだろう。症状を和らげる、抑える、などということばは、「不治」という事実の前には虚しい。進行性のがんの場合、そのひとは死への旅立ちへと確実にときを刻んでいる。そのときを、生きてゆかねばならない。そうしたひとの語りには、生きて在ることと死に向かって呼吸する音が聞こえる。その語りとどう向き合えばよいのだろう。このように想うとき、根本的に、「生きる」からの視線でそのひととともに在り、その語りに耳を傾ける必要性を強く、たしかに感じる。それは、「くらし」にこころを寄せることでもある。「くらし」から考える視座が心理臨床には必要である。

以来わたしは、機会あるごとに、フィールドに赴《おもむ》き、そこでの「体験」を基盤にしつつ、ひとの「生きる」を考える試みを試行錯誤してきた。体験の語りを巡って「くらし」を考える視座、「生きる」を考える視座。そこから、心理臨床の場で語りに耳を傾けることを続けてきた。そんなときに手にした『炉辺夜話』。頁を繰りながら、たしかな実感がやってきた。眼前のひとが生きるということ、そのひとの「くらし」をまなざし、そのひととともに在ることこそがたいせつなのだ、と。

これに関連して想起されるのは、河合隼雄との対談のなかで医師の柏木哲夫《かしわぎてつお》が語った話である。[3]

あるホスピスで患者さんから非常に人気のある看護師さんがいた。その看護師さんは病室に入ってきて「おはよう」と言うだけで、何となく患者さんはみんな喜ぶという。どうしてだろうと医局で話題になった。医者は誰も答えを見つけられなかった。すると、ある患者さんが主治医に次のように語った。

「先生、ありがとうございました。私ももう二、三日であちらに行きます。しかしこんな親切にしていただいたんで、冥途のお土産にひとつ先生にいいこと教えてあげましょう」

「何ですか」

「看護師の○○さんは、すごくみんなに人気があるでしょう」

「ありますね」

「あれ、先生わかりますか」

「いや、実は医局で話題になったんだけど、わからなかった」

「いや、それはお医者さんにはわかりませんよ。しかし、あの方は患者に人気があります」

「どういうことですか」

「あの看護師さんは、パッと部屋に入ってきたら身も心も入ってくる。たくさんの看護師さんは体は入ってくるけれども、心は外へ出てる」

「心も体も入っているか入っていないかということは、先生方にはわかりませんが、死んでいく者にはわかります」

合理化された医療の世界では、その実践においてもっとも重要な、ひとと関わる感性がいつしか削がれてしまった。これはクラインマンが語ったことだが、アメリカの医学教育においては、学年が上がるごとに問診《もんしん》が下手になっていくそうだ。ということは、医学教育のどこかに不備があることになる。それは、ひとと関わる感性を磨く教育がなされていないところだとクラインマンは語った。診察室で患者の表情ではなく電子カルテを見ながら診察をする医師を想像すればよいだろう。看護師も同様かも知れない。病室に入ってバイタル・サインをはじめ、確認しなければならないことは多い。患者の表情をみる余裕がない。そういうことが「死んでいく者にはわかります」とある患者が教えてくれている。その患者の「くらし」をまなざし、その患者とともに在ること。その実践が医療の場に乏しくなってきている。クラインマンは語った。医学の構造自体が変わらないと、このことは改善しない、と。しかしそれは、医療の原点の在りようなのではないだろうか。もちろんそれは、ひとの「生きる」からの視線でそのひとの「くらし」をまなざす心理臨床の在りようでもある。

3　あばかれる生

現代のくらしのなかでは、何事も明らかにすることがたいせつとされる。未知のものが既知になることは、一見するとすばらしいことに感じられる。エビデンスの重視といっても良いだろう。くらしもより効率的・合理的になる。しかし、明らかにすることは、「あばくこと」ときわめて近い距離にある。もちろん、「非」をあばくということばがあるように、「あばくこと」がひとを正しい方向に導くのであればよいのだが、「あばく」は「暴く」と書くように、そこには暴力的な力が働くことがある。そうなると、「くらし」はすばらしいどころか、陰鬱な色調を帯びることになる。

たとえば、妊娠・出産という、くらしにとってきわめて重要なできごとの領域ではマタニティ・ゲノムということばが耳目を集めるようになってきた。妊婦の血液を検査することによって、胎児の染色体異常が検出できるようになった。もしもそのとき、生まれてくる子どもが不治の疾患を抱えているとわかったとして、それは妊婦やその周囲のひとびとのくらしを効率的・合理的にするだろうか。そのとき、ひとはどのように生きていくのだろうか。明らかになるということは、くらしのなかに、あばかれる危険性を孕むことでもある。たいせつなことは、あばかれたとき、「いかに生きるのか」である。ひとはそこから人生を創っていかなければならない。それはまさに前人未踏の領域である。それは、暴力性から創造性への果てしのない道程である。

およそ、ひとの生は偶然である。この時代に、この地に、生を受けたことはそのひとの意志ではない。ここで、この「偶然」を「運命」と捉えてみてはどうだろう。先進国の豊かな経済状態の家庭に生まれるか、紛争地域の明日をも知れぬ地に生まれるか。その違いはまったくの運命でしかないのではないか。ひとはその運命を引き受けて生きていかねばならない。「いかに生きるのか」。これは途方もなく大きく重い人生の課題である。

ところで、医療や看護の領域に、「患者の権利に関するWMAリスボン宣言」というものがある。そのなかの「情報に対する権利」には次のように記されている。「患者は、他人の生命の保護に必要とされていない場合に限り、その明確な要求に基づき情報を知らされない権利を有する」。医療の側は知っていてもそれを患者が知ることを拒む権利が患者にあるという。ここでの「知らされない権利」は、まさに「生きる」からの視線で医療をまなざしたものである。あばかれる生は、つねに「生きる」からの視線のなかに置かれなければならない。

心理臨床の場では、語りを通して、語り手の人生が明らかになっていく。それは同時に、語り手の人生があばかれていくことでもある。そう思うと、臨床の場で、心理臨床家はどのような想いで語りを聴くのだろう。どのように在るのだろう。現状では、語り手の語りを通して、症状や問題行動の要因を推測するといった在りようが蔓延している。それが心理臨床のひとつのモデルなのだから、当然と言えばそれまでだが、しかしその在りようは、心理臨床家がしばしば語り手に見捨てられることでもあるとは言えないだろうか。

心理臨床の訓練を始めた年、不登校の子どもを抱えて生きるひとりの母親と心理臨床の場で出会った。わたしの問いに答えて、母親は子どものこと、家族のこと、自身の生きてきた歴史など、多くのことを語った。面接が十数回積み重ねられた三ヶ月後のある回、母親はこう語った。「これですべてお話ししました。ですから、もうこれ以上、話すことはありません。それで、子どもはいつになったら学校に行くのですか。教えて下さい」「それはこれからゆっくり考えていきましょう」。次の回以降、母親が心理臨床の場を訪れることはなかった。

わたしは母親の語りを聴きながら、この母親の、その家族の人生をあばいていたのだ。おそらく、この母親はわたしの問いを暴力的なものと受けとめていただろう。それでも、語ることで子どもが登校するのであればという思いで、ことばを紡いでいたのではないだろうか。そのことにわたしはまったく気づいていなかった。心理臨床が何なのか、わかっていなかった。わたしに欠落していたのは、ひとのくらしを真摯にまなざす感性だった。不登校の原因を探索する姿勢では、その感性は磨かれない。不登校を必死に生きているくらしが見えないからである。訓練の最初だからという言い訳は通用しないだろう。心理臨床の場を訪れるひとは、いのちのときを刻んで生きているのだから。

語りを聴くということは、語り手の人生をあばいているという危険性と表裏一体である。そのことにつねに敏感でなければならない。クラインマンはわたしに、生死のぎりぎりのところで生きているひとは、自分の話をわかってくれるひとかそうでないかをたちまちのうちに見分けると語ったが、これは心理臨床家の在りよう・姿勢のことを指摘した例である。心理臨床家は語り手をあばくのではなく、そのひとの語り、ひとりのひとの人生の語りを、敬意をもって謙虚に聴くことが必要なのである。心理臨床の場を訪れる語り手の語りは尊い。簡単に言い切ってしまったが、この在りようは、ひとつのモデルを手にした心理臨床家にはそうとうに困難なことではないかと、わたしは密かに感じている。心理臨床家は語りを聴いたとき、その語り手のいのちのときを心理臨床家自身も生きていることを感じ取らねばならない。それが、「生きる」からの視線で語りを聴くことであり、語り手の人生の旅の同伴者となることである。「縁」あって生まれた心理臨床の場はコスモス（宇宙）となり、ふたりの道行きはコスモロジー（この世界全体）を生きる旅となる。それはまた、いのちの継承でもある。ひとりのひとの人生の語り・傾聴は、ふたりがいのちのときをともに刻むことであり、それはいのちを継承していくことなのである。

おわりに

最後に、地球的規模の「生きる」という視線から昨今の異常気象や地球温暖化が地球にとってみれば人災にほかならないと教える興味深い語りがある。地球物理学者の松井孝典《まついたかふみ》のそれである。(4)

みなさんはよく、地球にやさしくとか言って、われわれが何かすると地球はすぐに壊れてしまうようなイメージで思っているかもしれません。しかしわれわれが地球環境をどんなに壊そうと、生きられなくなるのはわれわれだけで、われわれがいなくなれば地球はすぐに元の状態に戻るのです。……そういうことを知らないと、地球にやさしくなんて言って、あたかもわれわれが地球を支配する存在で、われわれが地球をケアしないと、地球がだめになってしまうというような印象を持ちますが、そんなことはまったくないのです。いなくなるのはわれわれだけなのです。

このことばから生態系の頂点に君臨する人間は、謙虚に世界を、自然とともに生きる営みを、眺める必要があることを知る。

「生きる」あるいは「いのち」を考えるとき、それを自分自身に引き寄せることが必要ではないだろうか。心理臨床の場を訪れるひとは、このような在りようを心理臨床家に知らせようとしているのかも知れない。先の柏木の語りに登場するひとのように、「生きる」「いのち」を極限まで引き寄せて生きているひとの感性は研ぎ澄まされている。それは、モデルに則ったものなどではなく、いのちのときを刻みながら、此岸と彼岸をつないで生きるときにもたらされる「精神性 spirituality」とでも呼べるものである。心理臨床の場には精神性がもたらされる。そして心理臨床家は、もたらされた精神性を語り手とともにする存在である。

ふと、幼少期から味わった生誕地近くの曹洞《そうとう》宗大本山永平寺の静謐で凛とした空気、名僧関大徹《せきだいてつ》との出会い、その教えをほんの少し聞きかじって坐った自身の体験が蘇ってくる。久しく忘れていたが、その頃に磨かれた感性が、いまのわたしの根幹になっていることに気づかされた。

第Ⅱ部　事例「考える葦」

瑞垣《みずがき》に　陽のひとすぢや　菫咲く

長緒《ながお》　連《れん》

第4章

「考える葦」再考

はじめに

およそ二十年前、心理臨床家になるための訓練を納得できる程度には受けてきたわたしは、心理臨床家として多くのひとの語りを聴く日々を送っていたが、先述のように、そこに欠落感を抱えていた。心理臨床実践の基盤である臨床心理学の方法論に大きな疑問を抱くようになっていたのである。心理臨床がこれまで光を当ててきたのは、「症状」や「問題行動」というフィルターを通した人間理解である。それは「くらし」に光を当てるものではない。それは苦悩の要因の探照灯にすぎない。もちろん、ひとつの体系を成し、人間のこころの理解に大きく貢献してきたことは事実である。ただ、わたしという心理臨床家は、そこに欠落感を抱いてしまうのである。このことは、否定しようがなかった。わたしは、心理臨床を心理的次元のみで理解することが息苦しかった。ごく素朴に、心理臨床の場に訪れるひとは、ひととして生きる「生活者」であって、治療を施さねばならない「病者」にかぎっていない。[1] そう感じるようになっていたのである。治療の必要性があるのならば病院やクリニックへの受診だろう。もちろん、心理臨床の場には、医療機関で処方された薬を服薬しているひともいる。しかし、そうであったとしても、そのひとの在りようは、「病者」なのではなく「生活者」なのである。このことが根本になければならない。そう考えるようになっていた。

ちょうどその頃、ある事例検討会で報告をする機会があった。コメンテイターは河合隼雄《かわいはやお》だった（図13）。

わたしは、こうした自身の想いを伝えようと、「考える葦」と題した事例を報告した（詳細は拙著『生きる心理療法と教育』に詳しい[2]）。

その事例検討会での休憩中、ある精神科医がやって来て、厳しい表情でこう告げた。「これは転換ヒステリーのケースです。それをこれほど長い時間かけて発表することに何の意味があるんですか」。この検討会はある地方で開かれた。河合隼雄がコメントをするということで、参加者はそれぞれ特別の期待を抱いていたと思われる。その精神科医の期待とわたしの発表が噛み合わなかったのであろう。しかし、このことは、ある意味でわたしの意図をみごとに反映していた。後に述べるが、わたしはこの事例に登場する「樹《いつき》（仮名）」を病者としてでなく生活者として心理臨床の場で会っていた。わたしの想いはフロアに伝わっていると感じた。また、ある心理臨床家は、「生々しすぎる。もっと加工して発表してくれないと」と苦言を呈した。これもまた同様に、「生きる」からの視線で語りを聴くわたしの姿勢を語っていると言える。心理臨床の場が生々しいのは当然である。生々しく呼吸するひとの語りを聴くのであるから。加工して事例素材を作るとなると、ある枠組みで語りを切り取ることになる。そうなると、生々しさは薄れる。心理臨床家の枠組みでの理解が混じるからである。わたしの意図は、そうした方向性ではなく、できるかぎり生々しく呼吸するひとの語りから心理臨床を考えることにあった。

図13　河合隼雄（左）とわたし

ところで、河合隼雄は休憩中、いっさい語らず、何かを考えているようだった。おそらくわたしの発表の

意図を汲み取ろうとしていたのだろう。これはわたしの手応えだが、恩師に事例を提示する最後となったこの検討会で、わたしの意図がたしかに恩師に伝わった感触があった。

この検討会全体の雰囲気は、これまでの発表体験からすると、きわめて異質なものだった。通常であれば、発表者とフロア、コメンテイターとの交流という実感があるのだが、わたしとフロアの間に隔絶があり、交流が断ち切られていた感覚があった。ことばを換えれば、不意に襲われる恐怖に似た感じを抱いていた。先に述べたように、わたしの意図は批判的雰囲気を醸し出した。ただ、横に坐っている河合隼雄という心理臨床家の在りようがわたしを支えていた。

1 事例「考える葦」再考

(1) 出会いまで

ではここで、「考える葦」の概要を拙著から辿りながら、いまのわたしの心理臨床の位置を足場にして、すなわち「生きる」からの視線でもって、この心理臨床の場で生まれたことを考えてみたい。以降に述べるのは、心理臨床ヴィネットに似たスタイルでいまのわたしが、「考える葦」を語ろうとしているものである。通常の事例研究のスタイルを採ってはいないが、そのことは拙著に詳しい。(3)

前掲の拙著第8章「考える葦」でわたしは、自身の心理臨床観について次のように語り始めている。(4)

筆者は内的・外的に大きな変容体験の途上にあった。……十数年あまりにわたって、心理療法の実践にエネルギーを傾けてきた筆者は、心理療法家として自身が転換期にきていることを感じていた。端的に言えば「心理療法とは何か」というテーマに、自分なりの答えを、これまでの心理臨床体験から自覚的にこころに据える必要性を感じていたのである。

心理臨床家は、心理臨床の場に訪れるひとの語りから、そのひとの「生きる」から多くを学び、人間を知る。そのひとたちは、いのちがけで人生を生きているのであって、その「生きる」に寄り添うことは、まさに「人間とは何か」「心理療法とは何か」を学ぶことになるのである。当時のわたしは、知識や理論を身に着けた経験豊かな心理臨床家として、その高みからクライエントに向き合うことに疑問を感じていた。そうではなくて、心理臨床の場の目の前にいるそのひとの語りの内にこそ人間が「生きる」真実を知ることができる。では、どう在れば、そのような心理臨床家になれるのであろう。

このように述べると、心理臨床家がクライエントと同じ地平に立つのは自明のことだという批判がすぐさま返ってくるかも知れない。しかしそれは知識の次元の物言いである。どうすればそう在れるのか。みずからがその問いに応えようとしなければならない。これは、心理臨床家として生きるための最大の問いと言ってもよいだろう。

出会いはまったくの偶然である。不思議に思うのは、臨床経験からも日常生活に深く困難を抱えているひとが、この偶然の仕組みに意図せずにふれるのである。個人のはからいを超えた何かによって出会いに導かれているのである。拙著出版の折、樹《いつき》の母親から手紙が届いたが、そこにもこうした内容が語られていた。コンステレーション（布置）が動いたときの語りであったが、自身の力では切り開くことのきわめて困難な人生の途上にあるひとは、ことばを換えれば宇宙を生きようとしていると、わたしには思える。ただ、心理臨床家に、「生きる」からの視線でもってひとの営みを見つめる姿勢がなければ、こうした実感はもたらされない。すなわち、その姿勢は宇宙的な在りようなのである。

ここで、加藤清《かとうきよし》が心理臨床の営みの場とその場での状況について次のように述べているのは、真に意味深い。[5]

心理療法では、治療の場は一般に布置（constellation）として理解される。しかし、布置も縁の一つの切断面とすれば、縁こそ本来布置の重層化したものである。……縁なければ治療は成立しない。……治療状況の進展は何によって発動されるのであろうか。それは、クライエントとセラピストの、ともに存在する（Mitsein）場の根源的自律性によって起こるのである。さらに言えば、縁なければ寂《じゃく》すという寂が、かえってはたらき手となる。いわば主体と言えない寂体、あるいは無心によって起こってくると言えよう。何もセラピストの恣意によるものではない。

先に「偶然」と表現した事態は、「縁」ということばが内包する世界、すなわち宇宙の一端である。縁によって生まれる心理臨床の場は、心理臨床家の恣意によって展開するものではなく、両者のはからいを超えた「何か」によって展開する。加藤清はそれを「根源的自律性」と表現している。

「考える葦」は樹の母親からの手紙によって生まれた。それはまさしく「縁」による。その手紙には、娘の樹が高校入学後に痙攣《けいれん》発作を起こしたこと、それにより入院加療となったこと、いまは退院して外来通院による薬物療法を受けていること、状態をみて通学しているが発作が心配でずっと付き添っていること、通学以外でも外出時はつねに付き添っていること、そんな母親の行動を樹は嫌がっているが、発作が心配で付き添いをやめることができないことなどが綴られていた。これが当時の母親の生活であった。まさに、母子一体でくらしている様子が目に浮かぶ。

手紙には、それに続けて次のように語られていた。[6]

主治医の先生は、「娘から分離しなさい」と指示されます。そのことは頭では理解できるのですが、母親としては実際にできません。現実に、娘が一人で外出中に発作が起きれば、車に轢かれて死ぬことだってあるかも知れません。私は、母親として娘にどう接していいのかわからず、途方に暮れています。……どうか助けて下さい。

この語りには、母親が生々しく呼吸する姿がある。「生きる」からの視線でもって母親のこの語りにふれるとき、ひとりの人間の「生きる」がいかに尊いかを知る。医学的モデルに則《のっと》った指示は、母親の「生きる」にたいして虚しい。けれども、「どうか助けて下さい」との希求に応える術《すべ》はあるだろうか。先に述べたように、わたしというひとりの心理臨床家の「生きる」が大きな転換期を迎えていたこのとき、縁によって届いた一通の手紙。そこにある語りは、わたしと宇宙との接《つ》ぎ穂であった。

(2) 母親との心理臨床の場

母親は、しばしば涙を拭いながら、娘のこと、子育ての歴史を語る。二十九歳のときに授かった娘を、六年間、保育所に預けて仕事を続けた母親。その想いに応えるように、活発な子どもに育っていく娘。ところが、就学後から時折、不明な熱と喘息に苦しみ、七歳のときに慢性腎炎の診断を受け、そうして母娘の人生は医療によって舵取りされることになっていった。主治医の方針は、娘の運動を厳しく制限することだった。しかし母親は、娘を自由に育てたいと願っていた。激しい葛藤に苛まれた母親と娘との間に、しばしば亀裂が生じた。医学的に正しい指示は、母娘の関係に暴力的に侵入してきたのだ。母娘の人生を賭けた「生きる」が続いた。聡明な娘は、おそらくそんな母親の苦悩を感じていたのだろう。きっと苦しかったに違いない、母親に語れぬ想いを抱えていのちのときを刻み、そして、超一流の高等学校に進学した。母親はもちろんのこと家族はそんな娘を誇りに思ったのではないだろうか。

進学後すぐに、痙攣発作が樹を襲った。不明な熱、喘息、慢性腎炎。これらが身体を襲った事態に母娘は必死に立ち向かっていた。痙攣発作。「なぜ?」と問うのは自然なことだろう。なぜ、このようなことが起こったのだろう。おそらく母親は「なぜ?」と問い続けながら、発作を起こす娘の対処を医療に委ねてきた。「娘から分離しなさい」との主治医の指示は、自由に育てたいと願った母親の願いとそれほど違わない。しかし、発作がそれを許さなかった。母親は、ふたたび深い葛藤に苛《さいな》まれた。

心理臨床の場では、どうすればよいのかわからず窒息状態に陥っていた母親が、そこから抜け出そうと、いのちのときを刻んでいた。親子の営みがひりひりと響く語りが、およそ二ヶ月間、重ねられた。

ひとは、しばしば答えのない「なぜ?」の前に立たされる。医学的に答えることはできても、それは問いへの答えにはならない。母親の語りを聴きながら、わたしもまた「なぜ?」と問うていた。しかし、答えはなくてもひとは生きていかなければならない。母親は言わば人生を賭けて樹とともに生きてきた。その母親を支えていたのは母性である。心理臨床の場は、母親の母性に支えられながら、「微かな手応え」とともに進んでいった。母性は強い。強いがゆえにまた葛藤も深い。しかし、その母性がこの心理臨床を支えている。わたしが感じた「微かな手応え」とは、この強い母性が「しなやかな母性」へと変容していく感覚であった。それは、娘の様子を語る母親のその語りに、娘の怒りや嘆きではなく生きる意思を感じさせたからである。しなやかな母性が、娘に生きる意思を吹き込んでいる。そのような手応えを感じていた。やがて母親は、転校したいという娘の願望と出会うことになった。娘は、みずからの意思で転校を決意し両親を説得しようと動き出したのである。娘のなかに、何かが育ち始めている。おそらく母親はそう感じたであろう。心理臨床の場に娘を連れてきたいと希望する。そうしたふたりの想いに呼応するかのように、心理臨床の場でわたしは娘に手紙を書き、母親にそれを託した。(7)

あなたの発作が病気であるかどうかについては、私にはまったく関心がありません。大切なのは、あなたがこれからどのように生きていくのかであって、そのことについて一緒に考える場をもてればよいと思っています。

この語りはわたしの心理臨床観を端的に表わしているのだが、その行為はきわめて珍しい。わたしならずともそうだろうが、心理臨床の場でこうした行為をすることは、通常はあり得ない。心理臨床家の在りようは、語りを聴くことにこそある。けっして、母親の希望にただちに応えることではない。ではなぜ、そのときわたしは娘に手紙を書くという行為をしたのだろう。母親からの一通の手紙という縁によって生まれた心理臨床の場。その場が新たな「縁」をもたらすように機能したのである。それは、わたしという心理臨床家が、この親子の人生の旅のひとときの同伴者としてその場に在ったということでもある。先に、「心理臨床の場でわたしは娘に手紙を書き」と述べたが、心理臨床の場で起こったことを正確に表現するならば、「心理臨床の場がわたしをして娘に手紙を書かしめた」のである。このことは、河合隼雄が心理療法家の理想的な在りようとして提唱した「自然《じねん》モデル」に近い[8]。

痙攣発作という娘の身体の侵襲によりもたらされた母親の「葛藤」は、苦悩する人生の歩みを強いたであろう。他者に救いを求めても如何ともしがたい状況を生きることになったであろう。その苦悩が縁によって心理臨床の場にもたらされることで、その場のふたりが苦悩を生き、それが新たな「縁」を産み出したのである。

(3) 樹《いつき》との出会いと道行き

娘に宛てた手紙の二週間後、樹《いつき》は母親とともに、突然やってきた。そして、樹との心理臨床の場がもたらされた。

まず樹はこう語った[9]。

先生の手紙で、倒れることが病気かどうかは関係ないと書いてあった。私を病人として扱うのではないんだとわかって嬉しかったです。今日来るときもまったくいやじゃなかったです。

この語りはほんとうに尊い。心理臨床家は精神医学的な、臨床心理学的なフレームで切り取られ分類された病気の枠組みでもって心理臨床の場にいるのではない。それは病気と出会っているのであり、その病いに苦しむひとに出会っていることとは違う。目の前のひとは、病いを抱えて生きている。生々しく呼吸している。心理臨床家はそうしたひとと心理臨床の場に在るのである。

その病いを取り除くことができればどんなにか素晴らしいことだろう。そのひとを苦しみから解放することができる。けれどもわたしは思うのだが、そのようなことが、はたして心理臨床家の意思で可能なのだろうか。心理臨床の訓練を積み重ねればそのような心理臨床家になれるのであろうか。このことと、そのひとの「生きる」を、どのように考えることができるのだろうか。近代科学の歴史から論じることはここでは控えたい。ただ、わたしの視点は「個別性」にあることを強調しておきたい。

ひとは自分の意思とは関わりなくこの世に生を受ける。その人生をいかに生きていくのだろうか。その人生の旅を、そのひとが自身にとって意味あるものとして歩んでいく。その道行きをともにする営みが心理臨床である。その旅は喜びに満ちているわけではない。むしろその反対である。しかし、苦しみを抱えた人生の旅であっても、そこに意味がもたらされる道行きをともにしようとするのが心理臨床家なのである。

このようなことを考えるきっかけになったのは、幻聴に苦しむあるひととの心理臨床の場で、そのひとが、幻聴のことを「長年つき合っている友人です」と語ったことによる。心理臨床の訓練を受け始めてまだ数年の頃であった。そのときわたしは、「そういうと、長年つきあっている友人（幻聴のこと）も大事なように思いますね」と応じている。[10] 幻聴を抱えて、それに苦しみながらも生きる。心理臨床家は、その人生の旅の同伴者として在るのではないだろうか。当時は漠然と考えていた。しかし、樹のこの語りに出会って、わたしの心理臨床観はたしかなものになっていった。

樹は、自由に生きることができない自身の状況を語った。慢性腎炎や発作によって自身の行動が規制されてきたこと、それによって誰にも言えない辛い体験をしてきたこと、いわれのない誤解の犠牲になってきたことなどが語られた。

この前、お父さんにドライブに行こうと誘われたんだけど、いやでしょうがなかった。なぜいやなのかを考えていたらわかったんです。私の足は車なんだって。小さいときから救急車に乗り、どこへ行くのも車での送迎。私は自分の足で歩きたい。(11)

樹が自分の足で歩こうとする道行きが始まった。

それから樹は、自身の気持ちを綴った「気持ちノート」を持参するようになる。わたしはその語りを聴く。そうして心理臨床の場が重ねられていった。「気持ちノート」には、発作とともに生きるくらしのなかで、友人、主治医、母親との関係から体験したこと、それをとおして樹が思考したことが綴られていった。樹の思索は少しずつ深まっていったが、それにつれて発作が起きる間隔も開いていった。ここで、「気持ちノート」の語りをいくつか記しておきたい。(12) 樹がいのちのときを刻んでいる在りようをそこに見て取ることができるからである。また、その心理臨床の場に、「生きる」からの視線でわたしも生きようとした。「縁」あって生まれた樹との心理臨床の場はコスモスとなり、ふたりの道行きはコスモロジーを生きる旅となっていった。

倒れちゃった。ずっと自責の思いで一杯だった。くやしかった。悲しかった。苦しくて耐えきれへんかった。だけど、以前のじぶんとは全然違う。いまの私は明日からのことを考えてる。タフになったというか、発作に免疫ができたというか。でも、やっぱりちょっと寂しかった。だって、もう発作は起こらんぞーって思ってたから。

歩道で倒れて、デパートで倒れて、救急病院へ。病院はいや。看護婦さんが私のことを、まるでめずらしい生き物みたいに見る。痙攣ってそんなにめずらしいの。おもしろいの。ベッドの側で笑わないで、私、辛いのよ。発作が起きると、身体もしんどいけどこころが重くなる。次に進む元気が出なくなる。悲しくなる。私は、一人で生きていけるようになりたい。一人で歩いていて発作が起きるのがこわい。死の恐怖がべったりとまとわりついている感じ。

苦しい。辛い。何なんだろうと思う。これまで私は、いろんな場面で自分のこころを奥深くに閉じ込めて耐えてきた。そうしなければ生きてこられなかった。小学生のころからそうして生きてきた。なぜ、耐えたんだろう。いまもこころの傷は深い。ズキズキする。

お母さんが主治医を代えようと言い出した。でもね、私はそのことにたいして、いまは何も言えない。相次ぐ医者たちのことばとかで疲れ切って、医者不信めいたものがあるの。医者はあんまり信用してない。行っても疲れるだけ。主治医を代わっても、この気持ちがついてくると思うとしんどい。医者が言うほど簡単に解決する問題じゃないのよ。

いつも綱渡りで、明日の約束はできなくて、その日を生きている。死んでない。学校の階段で発作が起きてから、外出が恐ろしくなった。いつ死ぬかわからない。「死」っていうものはふつう突然にやってくるものだけど、絶えず死を意識してくらすというのは、こわい、しんどい、苦しい。主治医や両親の言うことは理屈。そんなに簡単じゃない。薬で治れば世話ないわ。

およそ四ヶ月が経った。樹は「気持ちノート」の持参を終えて、直接に語るようになる。くらしのなかでの母親との葛藤、医療への不信感が語られた。そして樹は両親を説得して心療内科受診をやめる決断をする。この決断は、発作が起こることそれ自体の恐怖を超えて、発作を巡る医療の姿勢に、自身の人生を賭けて問題提起をしたものである。[13]

両親に、心療内科にはもう行かないと宣言しました。主治医がいやというんじゃなくって受診そのものがいや。患者として扱われるのがいや。ちゃんと私をみていない。こんなんはいや。

また、樹のこの決断と語りは、長い間母親を苦しめてきた葛藤に終止符を打ち、新たな人生の旅へと歩を進めることにもなった。樹は、超一流の進学校を辞め、そして医療と決別した。人生を自分自身の意思で歩もうとする樹のいのちの強さを、ここにうかがうことができる。

樹は発作を起こして死ぬかも知れない恐怖に苛まれてきた。しかし、樹が語るように、現代の医療は、このようなひとの在りように向き合おうとしない。河合隼雄は科学哲学者の村上陽一郎《むらかみよういちろう》との対談のなかで、現代の医療が患者をモノとして診ていることに問題を提起し、次のように語っている。[14]

生きた人間のインテグレーション（統合）は壊せないのだから、結局、その人に頼るしかなく、また私のところにくる患者さんに対しても、その人の「痛い」という報告に頼るしかない。

心理臨床の場での母親との歩みはまさしくそうであった。

こうして樹は、みずから、そうした医療に別れを告げた。しかしそれは同時に、樹が発作とともに生きる覚悟を促すものでもあっただろう。このできごとを契機に、発作にたいする樹の想いが変わっていく(15)。

私は人に頼られたくない。私が発作を病気と思っていないのは、そうなると頼ってしまうから。病気も私の一部として私は認めていきたいし、本当にそう思う。発作のときの私も一人の私。それを外の力でどうこうしてほしくない。それを抱えて生きることが私には必要。そう思えるようになった。

涙ぐみながら語る樹に向けて、わたしは言った。

もう一人の私はいまごろ、どこで何しているんでしょうね？

応えて樹、

ねー。感謝とまではまだいかないけど、いろいろ教えられたし勉強させてもらった。ありがとうという感じ。……こういうこと、これまで誰にも言えなかった。

これらの語りとやりとりを両親に話して、樹は発作を止めないでほしいと訴えた。そんなころに発作が起こった。

昨夜、自宅で発作が起きた。発作中に〈あー、そういえば最近こっち（発作の自分）の言うことあんまりきいてこなかったなー〉と思った。バランスを大切にしなくちゃと思う。発作が起こってからすごく寂しくなった。一人ぼっちの寂しさがやってきた。この孤独感は発作が起こるまではなかった。

これは河合隼雄がわたしに向けて語ったことでもあるが、ひとりの人間が変わるというのは、死ぬほどの体験が必要である。樹は、「縁」によってもたらされた心理臨床の場で、いのちのときを刻みながら、発作への不安から自身の行動を制限しようとする周囲との葛藤を生き、自分を病気としてしか診ようとしない医療に自身の意思で決別し、そうして発作を抱えて生きていく覚悟をした。わたしは、樹との道行きのなか、幾度となく不安で怯え右往左往する自分のこころを感じながら、心理臨床の場でたしかなまなざしで真っ直ぐにわたしを見つめる樹の視線とその語りに救われる想いを抱いて、道行きをともにしてきた。それこそが、樹と出会った「縁」を生きるわたしであり、冒頭に述べたわたしの心理臨床観をいのちがけで生きようとした姿であった。「最後の最後はクライエントを信じることがたいせつだ」との河合隼雄の声が幾度となくこだました道行きであった。

ほどなく発作は消失する。「なんでこんなに変わったんでしょうねえ」と樹は語る。そして、印象深い次の語りがもたらされた。(16)

発作のない自分というのは、ちょっと悲しいというか、いなくなってしまったんやなあと思う。でも、もし起こっても、あ、きたんやなーという感じかな。発作のときの自分は怒りの表現だったと思う。自分の意志で動いているんじゃなくて他人の意志で動かされていることへの怒りというか。

発作をなくした悲しみが語られた。先に述べた幻聴を抱えて生きるひとの語りにもあったように、そのひとにとって、そのひとの人生を悩ませ苦しめ、困難にさせる症状というのは、実に不思議である。それがあるために、そのひとは辛い人生を余儀なくされる。それは、ある意味では悪である。しかし、樹の語りは、それを自身の人生のなかに収めたときに、悪であった症状のその意味が変わったことを教える。また、それによって樹の人生は創造的な旅路になったとは言えないだろうか。アーサー・クラインマンは次のように述べている。[17]

われわれにとって危機や不確かな状況というのは、たいていの場合、人生途上に現れた何か例外的な事態、おおよそ予見可能な世界のなかに突如闖入してきた予見不能な力と言うことができます。しかし、……わたしが提案しようとするのは、それとはまったく対照的な見方なのです。すなわち、危機や不確かな状況というのは、人生にとって不可避に出現してくる事態である、というものです。……実際のところ、危機や不確かな状況こそが人生を意義あるものにするのです。それは、人間として生きることの意味を定義づけるのです。

クラインマンの語りは、樹と母親の人生の語りであるように思われる。このような、ひとりの女性の個としての体験を、普遍をめざす科学はどのようにみるのであろうか。

さて、心理臨床の場での最後のとき、樹は次のように語った。[18]

私がここにカウンセリングを受けに来たのは、先生からの手紙で、先生が病気じゃないって書いてくれていたからなんです。でもいまは、私は神経症だったんだって素直に思える。

この語りは、発作が樹の人生に収まったことを意味するとともに、わたしにとって、道行きをともにした最高のほめことばとなった。

(4)二十年の歳月を経て

事例「考える葦」から二十年が経った。樹《いつき》との心理臨床が終わってから、あの心理臨床が樹にとってどんな体験だったのかを知りたいと想った。拙著を読んでの感想が送られてきたのは出版から一ヶ月後のことであった。そこで彼女は次のように語っている。(19)

……樹はすでに私自身ではない。……というのも、私はもうずっと前に、皆藤先生との関係性のなかにそのことを置いてきてしまっているのですから。そして、樹が語るひとつびとつ、先生のおっしゃるひとつびとつを、私は私の心のなかに見出すことができるだけで、思い出せはしないのです。恐らく、樹があの空間(心理臨床の場)で語りとしたものは、吐き出されたと同時に置き定められていったのでしょう。だからこそ、私の記憶にはなく、ただ印象としてのみ、確かに私の内に存在していまを形づくっているのです。

樹を経て、置き定めてしか「今」に立つことができないので、そしてまた、置き定めたものはたとえ文章であれ人格であれ、その他どんな expression であっても、私自身の「今」を語るに足りません。けれどそのためよけいに、既に自分が越えてきた expression、分身それぞれが、自身のかけがえのない構成要素そして「影響を与えたもの」となるのだと想います。……(括弧内は皆藤による)

「考える葦」を読んだ彼女の立ち位置は「今」である。この位置からすると、心理臨床の場でのふたりの道行きは、彼女のなかで血肉となったと言えるかも知れない。この語りのとき、彼女は二十歳を迎えようとしていた。人生の長い旅の先をまなざして生きるときである。ひとは過去を切り捨てては存在し得ないのだが、いのちのときを刻んだ時代を「置き定めて」、それを血肉として一歩を踏み出そうとしているように感じられた。そして、これは予感だったが、血肉ほど濃いつながりはないわけであるから、それを想い出させる事態が人生に起こったとき、発作という分身が戻ってくるのではないか。それは、彼女の人生にとって新たな転回点のときに違いない。

さて、気がつけば、樹と命名してから二十年、心理臨床にこころを傾け始めてから四十年あまりが経っていた。彼女は四十歳を迎えようとしている。ライフサイクルからみて、人生の折り返し点に差し掛かろうとするとき、彼女は樹をどのように語るのだろうか。彼女と連絡をとってみた。その返事には次のように記されていた。

「二十年前の樹へ」のこたえはとてもシンプルなのです。ただただありがとう、あのときよく諦めずに耐え抜いた。

クラインマンの体験の語りがたちまち蘇ってきた。若き医学生のころ、クラインマンは火傷の治療における極度の痛みと苦痛で叫び、激しく暴れる女性を落ち着かせるという任務に就いていた。耐え難い苦痛に苛《さいな》まれたクラインマンは、その女性になぜ耐えられるのかと尋ねたところ、彼女は自身の体験を語り出し、少しずつ落ち着きを取り戻していったという。クラインマンは語る。(20)

彼女は、生き続けるためには耐えなければならなかった。だから耐えていたのである。しかも彼女は、心理臨床的に破壊的な役割をしてしまいそうになるわたしが耐えることを助けてくれたのである。われわれはどちらも、いまどきのことばの意味に照らせば、「レジリエント（復元力がある者）」ではなかった。彼女は耐え抜き、同時にわたしをもちこたえさせてくれた。

二十年前の樹もおそらくそうであったろう。「生き続けるために耐えなければならなかった。だから耐えていた」のである。このように語る彼女が在るまでには、二十年の歳月が必要だったのかも知れない。クラインマンが七十歳を超えて若き医学生の時代の出会いを語るように。

この二十年の間、彼女はおそらく、いのちのときを刻む体験をしてきたのではないだろうか。彼女の返事には、次のように記されていた。

嵐のなかの樹から二十年、この間、幾度も、先生にお会いしたくてたまらない時期がありました。アメリカ同時多発テロ事件の翌朝、中学校教員時代、夫の苦しみのこと、不妊治療、華道の師と決別。わたしのカウンセラーとしての皆藤先生と、ひとりの人間としての皆藤先生との間をどう埋めればよいのか悩んだ二十年でもあります。各ステージで結局、わたしは先生へ連絡をとらず、カウンセラーとしての先生と樹とのときを依代にしてきたように思います。カウンセリングのときを経て、ふたたび大地を踏めるようになった樹がカウンセリングなしに生きていくことを問い続けてきました。

樹の二十年が凝縮された語りである。この連絡をきっかけに四十歳を前にしたいまの樹と出会う機会がもたらされた。そのときに各ステージの「生きる」を樹は詳細に語ってくれたのだが、ここではそのすべてを記すことは控えたい。ただ、心理臨床の場での樹の体験が語られたところは非常に意味深いので、それを記してみたい。

アメリカ同時多発テロ事件。あれが起こったときは眠れなかった。動揺がすごくてどうしようもなくなってしまった。翌朝、「助けて」って感じで先生のところの近くまで行ったんだけれど、連絡できずに戻りました。「無理だ」と思って帰ってきた記憶がある。で、なぜそうだったのかがずっとわからなかった。あの事件とはまた別に、先生のところの近くまで行って、無理だと思って帰ったできごとは、わたしのなかの先生って何なのかっていうのがわからなくなることでした。それが、ずっと残ってる。友人にこのことを話したら、「そうなんや」って受けとめてくれて、それはそれで収まったんだけど……。

手紙に記されていたように、カウンセラーとしてのわたしと、ひとりの人間としてのわたしが痛感させられたできごとが起こったようである。わたしに助けを求めにきた彼女は、カウンセラーとしてのわたしを求めていたのではないと、寸前で気づいた。それによって、「わたしのなかの先生って何なの」という問いが生まれた。アメリカ同時多発テロ事件での航空機のビルへの突入は、彼女にとってはかつての樹を襲った痙攣発作だったのではないだろうか。まったく予期せぬ暴力的事態を目の当たりにした彼女は、かつての樹となってしまい、わたしのもとを訪れようとした。しかしそこは心理臨床の場ではなかった。そのことに彼女は気づいた。このように思うと、二十年前、彼女を襲った発作がいかに死の恐怖を伴うものであったかが伝わってくる。

それでは、「わたしのなかの先生って何なの」という問いに、彼女はどのように答えを出したのであろうか。語りのなかでは「ずっと残ってる」とあるが、おそらく彼女のなかではひとつの答えを見出したのではないだろうか。それを返事のなかに見ることができる。「各ステージで結局、わたしは先生へ連絡をとらず、カウンセラーとしての先生と樹のときを依代《よりしろ》にしてきたように思います」。わたしは、そのように彼女のなかで生きているのである。彼女の語りは続いた。

カウンセリングの部屋は蛹《さなぎ》みたいなもので、その殻のなかに溶けてるわたしと先生がごっちゃごちゃになって入っていて、それで時間と何かがあって、蝶に「きゅーっ」と変わっていって、あるとき殻から出る。それがカウンセリングの時間だったんじゃあないかって思う。樹であった時間は。そうなると、殻のなかにいるわたしと、そこで座ってらっしゃる先生は分離できない。まざっちゃってるので、どっちのことかわからなくなっている。先生がひとりのひとであることが理解できない。一緒になってしまっている。それで、蝶になって送り出してもらったときに、わたしのなかにまだ先生がいらっしゃるのか、殻のなかなのかがわからないまま飛んでいる状態になってしまった。ひとりの人間としての先生は、わたしの知らないひと。それがわたしには理解できない。だから、どうしていいかわからない。

先生のご本[21]を読み始めたときは、わたしは結婚前後ですごい危ないときだった。で、あの本は最後まで読めなかった。先生もすごく揺らぎのなかにいらっしゃる感じのご本だった。これはシンクロしてしまうというのがあって。こっちが固まらないのに先生のご本に、先生にアクセスしてはいけないというのがあったのかも知れない。カウンセラーとしての先生だったらこういうふうに返してくださるだろうというのがあって、でも、ひとりの人間としての先生だったら違うところから玉を投げられる気がして、それがとても怖かった。アメリカ同時多発テロ事件はまさにそういうことやったんかなあって思って。

今日この場に立って、お話ししているとき、すべての先生が一本でつながっているのを感じるのでもう大丈夫。でも、当時は無理でしたね。カウンセラーとしての先生とひとりの人間としての先生との間をどう埋めようかともがきあがくことこそが生きるということだというふうに思いました。先生が河合先生に街でいま出会ったらびっくりされるかなって思って。わたしが先生にカウンセリングの場以外で出会った感じと同じかなあって思って。

心理臨床の場で体験したことが、見事に語られている。「思春期は蛹《さなぎ》の時期である」と言われることは多い。外からは殻があるだけでそのなかで何が起こっているのかを見ることはできない。しかし、なかを見ようと殻を割れば蛹は死んでしまう。樹はその殻のなかにいたと彼女は語る。そして、わたしと融合するときを生きていた。わたしは樹で、樹はわたし。いや、両者の区別がないという次元どころか、個というものが溶けているときである。ひとがこのような体験をするのは、生後間もなくの母子一体の時期である。しかしそのときは、個になることがなかば予定されている。樹の体験は、何が起こるのかまったくわからない、先述した「根源的自律性[22]」のときであった。そしてあるとき、その融合した何かは蝶に「きゅーっ」と変わっていく。メタモルフォーゼである。殻に入っていた樹は、まったく別の何かになるのである。心理臨床の本質を語る内容である。

さらに彼女は、蝶になった自分はわたしと融合しているので分離できないという。わたしがひとりの人間であることが理解できないと言う。これは、先に述べたように、樹とわたしとの心理臨床の場における体験が樹のなかで血肉になったことを意味しているのではないか。

かつて、河合隼雄に教育分析を受けていた期間に、分析家であるマービン・シュピーゲルマンにも教育分析を受けたことがある。そのあるとき、目の前のシュピーゲルマンが河合隼雄に見えたことがあった。仕草がまったく同じだったからである。河合隼雄との教育分析のときに出くわすその仕草はシュピーゲルマンのそれとそっくりだった。まさに河合隼雄のなかでシュピーゲルマンとのときが血肉になっていたのではないだろうか。

彼女が読み始めたという拙著は、恩師河合隼雄が亡くなって方向性を見失いかけたわたしが自身の足場と道を見出すまでのプロセスを述べたものである。したがって、彼女の言うように、揺らぎのなかに、たしかにわたしはいた。この彼女の語りから気づいたのだが、拙著でのその作業は事例「考える葦」の発表のときには、すでに始まっていたのだ。

おわりに

事例「考える葦」は、およそ二十年前、心理臨床家としてのわたしが抱えていた疑問に応えるものであった。症状や問題行動というフィルターを通してひとを理解しようとするのではなく、心理臨床の場を訪れたひとを病いを抱えた「生活者」としてみる、すなわち「生きる」からの視線でもって、いのちのときを刻むひとを知ろうとする、そういう心理臨床の位置が「考える葦」をとおしてたしかなものになっていった。ただ、誤解のないように付言すると、わたしは前者の位置を否定しているのではない。わたしという心理臨床家にはその位置に欠落感を抱いてしまうというだけのことである。そのことは、心理臨床の場に身を置くわたしにとって、きわめて重いことだったのである。「考える葦」の執筆から二十年を経て、いまのわたしの心理臨床観から考察することで、ふたたびその位置を確認できたことは大きなことであった。

ひとりの心理臨床家をここまで育ててくれたひとたち。当時の樹と、いまの彼女、そして樹の母親にここであらためて、言い尽くせぬ感謝の想いを伝えたい。

ところで、「考える葦」の発表のとき、河合隼雄は何を考えていたのだろう。どのように在ったのだろう。冒頭に述べたように、これまでの通常の事例発表の視点ではなく、「生きる」からの視線でもって「考える葦」を発表した。コスモロジカルな在りようを生きることのなかにこそ、人間知があり心理臨床の本質があると考えていたからである。ただ、当時、確信はなかった。当時の樹の、それから二十年の彼女の人生の旅の険しさに出会うとき、さまざまな想いが去来する。

不思議なことだが、彼女の話を聴きながら、気づいたことがある。それは、事例「考える葦」を発表したとき、河合隼雄はほとんど何も言わずに発表を聴いていたのだが、その在りようは、心理臨床の場で樹の語りを聴いていた当時のわたしの在りようとパラレルだということである。思わずわたしは二十年後の樹にそれを話していた。

「ようやく僕は、そこに河合隼雄を見つけたと思った。それは凄い発見だった。あのときに先生がこれまでのような臨床心理のスタイルでコメントしたり、わたしの想いを代弁したりしていたら、わたしは壊れていたかも知れない。『頑張ったね』くらいで終わって、とてもよかった」。応えて彼女、「何か、近いかも知れないですね」。

第Ⅲ部　糖尿病を生きる

はじめに

これから、いまもっともこころを傾けている「糖尿病を生きる」というテーマについて語っていこうと思うが、医師でもない者がどうして糖尿病に関わるのか疑問の向きもあるのではないだろうか。また、医学的には、糖尿病は明らかな身体疾患であって、その治療は医学モデルに則って行われることも疑いない。したがって、これまで糖尿病は、医師を中心とした医療の領域でその治療論・方法が検討されてきた。わたしはこうした糖尿病治療の歴史に深い敬意を払う者のひとりである。生と死の最前線でひとと関わる専門家である医師には、命について心理臨床家よりもはるかに深い知がある。この事実は論を待たない。

ただ、実に意味深いことに、このような糖尿病治療の歴史のなかで、あることが明らかになってきた。それは、糖尿病が治癒の望めない、いわば「不治の病い」であるために、生涯にわたって治療が必要になる、ということである。このことは、糖尿病を抱えて生きるひとの人生を射程に入れた治療の必要性を意味する。糖尿病治療には始まりはあるが終わりがない。より正確には、糖尿病治療の始まりは明確だが、いつ終わるのかがわからない。日本糖尿病学会による糖尿病治療の目標にも、そのことが次のように反映されている。[1]

糖尿病治療の目標は、高血糖に起因する代謝異常を改善することに加え、糖尿病に特徴的な合併症、および糖尿病に併発しやすい合併症の発症、憎悪を防ぎ、健康人と変わらない生活の質（quality of life：QOL）を保ち、健康人と変わらない寿命を全うすることにある。

そして、このように生涯にわたる治療の必要性・重要性が指摘されたことから、糖尿病治療を医学モデルのみで行うことに、医療の側から困難が提示されたのである。たとえば、次の語りに出会うとき、患者の願いに医学モデルはどのように対処するのであろうか。(2)

わたしはもう二十年も糖尿病の治療をしてきました。食事も運動もインスリン注射も血糖値測定も一所懸命やってきました。でも、糖尿病にはもうこれでいいというところがないんです。ちょっとさぼるとすぐ結果に出るんです。治療をやめようとは思いませんが、ずっと努力していることをわかってほしいと思います。

このとき、ことばだけで「あなたが努力していることはわかっている」などと言っても、そのことばは届かない。虚しく空を漂う。そして、医療者は患者に見捨てられる。なぜなら、そこには、患者の自己治療の努力を理解し、その声に耳を傾け、患者の「生きる」に寄り添う医療者の姿がないからである。患者の側に立って、患者の「生きる」からの視線でもって語りを聴くことができなければ、この語りに応えることはできない。

このような語りは、糖尿病医療の場では何も珍しいものではないだろう。ここに、心理臨床の場に身を置き、その語りを聴く訓練を受けてきた心理臨床家の知が必要となるのではないだろうか。

そういう思いを抱いて、糖尿病の医療の場に足を向けるようになっていった。多くの医療者の「語り」を聴いた。多くの患者の語りを聴いた。そのなかでわかったことは、実に多くの医療者が患者との関わりに困難を抱いており、同時に多くの患者が医療者との関わりに困難を抱いているということだった。それは、身体の寿命も含めたひととして生きる在りよう・存在そのものを意味する「いのち」に関わる必要性を実感させた。

心理臨床家としてのわたしがここで述べようとする視角はこのようなところにある。もちろん、糖尿病医療には数多くの研究の視覚があることは了解している。わたしはそのほんのひとつの入口から語ろうとしているのであって、これが糖尿病医療の研究をすべて概観するものでは毛頭ない。

さて、第Ⅱ部でも述べたように、わたしの心理臨床はひとの「生きる」に寄り添う実践である。その源流は第Ⅰ部で述べたように祖母の死にある。生と死のあわいにあるひとの人生。その人生を、時代性を背景にしつつ、ひとはいかに生きていくのか。わたしの心理臨床の関心はここにある。このことは第Ⅱ部でも詳述してきた。そして、この関心がわたしを慢性疾患の領域へと誘《いざな》っていったのである。

医療においては、通常であれば、患者は医療の側の指示・指導にしたがって服薬・手術等の治療を受け、それによって治癒へと到るという道筋を辿る。もちろん、現代の医療においては、医療行為にたいする「インフォームド・コンセント Informed Consent」が不可欠になってきている。インフォームド・コンセントにおいては、なぜそのような医療行為が必要なのかを患者や家族に説明する責任が医療に求められている。それと同時に、患者や家族は医療行為にたいして希望を表明することができる。そうしたやりとりをとおして、患者への医療行為が決定されていく。けれども、多くの場合、インフォームド・コンセントは医療側の説明を患者や家族が受け容れていくという在りように終始している。それほどに医療が進歩しているとも言えるが、また同時に、医療の側との間で複雑な関係が生じることが治療に影響を及ぼすという、患者や家族の不安がそこに潜在しているとも言える。

糖尿病医療においては、患者はしばしば医療側の療養指導にしたがわない。医療の側がいかに適切な指導を行っても、またそれが自身の身体の状態の維持に必須なことであると知っていても、患者はそれにしたがわない。そういうことが起こるのである。なぜ、そのようなことが起こるのか。この「なぜ」に答えることができれば、対処の方法も見出されるかも知れない。しかしこれは医学モデルでは解くことのできない問いである。普遍性に向かう医学モデルにたいして、この答えには、患者ひとりひとりによって異なるという

「個別性」があるからである。

糖尿病医療には、医学では解明できない問いが存在する。これはある糖尿病専門医がいみじくも語ったことだが、医学の教科書には医師が成すべき必要のあることは書かれているが、患者がそれを拒否したときにどうすればよいのかということは書かれていないのである。しかし、問いへの答えがなければ、最悪の場合、患者は命を失う。通常であれば、身体には自然治癒力が働く。しかし、糖尿病の場合、それは望めない。糖を分解するインスリンの分泌不全は、身体を確実に悪化へと向かわせる。自然にインスリンが分泌することはないのである。したがって、適切な指導を行っても、患者がそれにしたがわない場合は、糖尿病医療は困難な局面を迎えることになる。そのような場合、医療の側はどのような態度で患者の療養指導を促せばよいのだろうか。ここに、糖尿病医療のむずかしさがある。

こうしたむずかしさは、糖尿病医療にかぎらず、ひとが生きる営みのなかに不意にもたらされることである。糖尿病に罹《かか》るということは、ひとつの暴力的事態とみることができる。誰しも望んでそうなったわけではない。けれども、ひとはそれを受け容れて生きていかなければならない。いったい、糖尿病を抱えてひとはいかに生きていくのだろうか。わたしの関心はここにある。

何気なく過ごしている日常のなかで、突然、糖尿病を宣告されたとき、ひとは、何を拠り所にして、この事態に対処するのであろうか。糖尿病を抱えて生きるとき、そのひとにとって、真にかけがえのないものとは、いったい何なのだろうか。それを、糖尿病を抱えて生きるひとともに探求したいと思った。糖尿病の宣告は、そのひとの人生を大きく変えてしまう、まさに予期せぬ暴力的事態である。そのようなとき、ひとは、どのように生きていくことができるのだろうか。

そのとき、真にかけがえのないものとは、何なのだろうか。

第5章 糖尿病という病い

1 医学と医療学

第Ⅱ部でも取り上げたが、河合隼雄は科学哲学者の村上陽一郎に次のように問いかけている(1)。

> 医学の問題を考えてみたいのですが、人体を一つのモノとして研究していくことは学問として成立します。これは問題ないのですが、医術として生きた人間をあつかうことも「医学」と呼ぶなら、人間を完全に対象化して研究した成果をそのまま応用していくという考え方には、ずいぶん問題があるのではないでしょうか。

この問いかけには、医学がモノではなくひととの「関係」をどのように考えるのかという問題提起が含まれている。これにたいして村上は「医学」ではなく「医」と表現して、そこに医学、医療、医術を含めて考えることが重要であるとしたうえで、「痛み」というきわめて人間的な感覚を取り上げて次のように応えている。

> 治療する医者と患者さんとのあいだに、少しでも痛いときに「痛い」といえるだけの雰囲気と、お医者さんがそれをそのまま正直にうけとめてすぐ反応する態度とができていないといけない。……ある意味では、そこが医療の

一番すごいところだと思います。人間をモノとしてあつかいながらも、最後のところは痛いか痛くないかということにかかってくる。これはモノだけでは成立しない。モノは少しも痛くないわけですから（傍点は皆藤）。

この語りは、医療における「関係」の重要性を指摘したものとして意味深い。患者が自分の感覚を抵抗なく語れること、医師がそれに適切に反応すること、ここに医療における関係が生きている。

このように、医療の場では「人体を一つのモノとして研究していく」医学には収まりきらない事態が不断に生じるのである。この点を河合隼雄は石井均《いしいひとし》との対談のなかで次のように語っている。(2)

いまの医学は、近代科学のなかに入っていますので、近代科学的にこういうことがわかっている、ということは明確に言えます。……が、人間というものは完全に近代医学の対象にはならないし、なれないところが非常に大事ではないでしょうか。「近代科学の対象になれるところを研究したらこうなる」ということをかっちり習ったうえで、生きた人間に会うと、それにプラスαが入ってくるのだということを、これからは教える必要があると私は思います。

というのは、近代科学的な手法で治りにくい病気がだんだん増えてくるんじゃないかという気が、私はしているのです。……そうなると病気ではなくて、人間というものを相手にしなければならないという、大変なことが出てきます。近代医学はこれからもどんどん進歩し、それによって成功するところがあるだろうけれど、「**医療**」というのはそれを超えるのですね（太字は皆藤）。

この語りは、医学と医療との関連を的確に言い当てている。医学の知の必要性とそこに収まりきらない「人間というものを相手にし」たときの医療の実践。この医療の実践において、「関係」が重要となることは、先に述べたとおりである。

ただ、ここでむずかしいのは、先の村上の例で言えば、患者の訴える「痛い」が、医学的モデルとして見たときに、当然「痛い」ことを医師が知っている場合、つまり痛くても医学的には問題がない場合である。そのようなとき、医師と患者との間に「生きた関係」は生まれるだろうか。患者の「痛い」に、「そのまま正直に」反応することができるだろうか。患者は自分の訴えをわかってもらえなかったと感じることも多いのではないだろうか。また、生きた関係ではなく患者にとっては「控えめな関係」になっていることも多いのではないだろうか。そのようなとき、患者は「痛い」と訴えることも控えてしまうであろう。

ここに、関係を医療に活かす際のむずかしさがある。関係がたいせつだということは誰しも納得するであろう。しかし、それだけでは何の役にも立たない。その関係を生きたものにするにはどうすれば良いのかを考えなければならない。先に述べた対談で村上陽一郎は、故日野原重明《ひのはらしげあき》医師の話を取り上げて語る。

医学としては何もすることがなくなった末期の患者さんに対して、最期の数時間をベッドのかたわらで手を握ってやっていたら、患者さんが目を開いて、「先生、ありがとうございました」といって息を引き取った。

これを読んで、最期の数時間、ベッドサイドで患者の手を握っていればかならず患者に感謝されると思うひとはどうかしている。そのような感謝が生まれるまでに、そこには、たしかに、「生きた関係」がなければならない。それでは、どうすれば患者との間に「生きた関係」を築くことができるのであろうか。そこに方法論はない。しかし、ただひとつ言えることがあるとすれば、それは患者の側から病いを見る視点をもつことであろう。患者が何を考えているのかと考えてみるこころの視線をもつことであろう。これに関して、石井均は河合隼雄との対談のなかで語る(3)。

「われわれはひょっとしたら糖尿病について半分しか知らないのではないか」と思ったんです。それは、私にとってはとても大きな思い付きでした。病気をもった人がどう考えているかについては何も知らない。衝撃でした。とんでもないことに気付いたのではないかと思いました。

患者が何を考えているのか。それは、当の患者だけが知っている。したがって、医療者は患者を知ることが必要になる。それは、医学モデルに則った患者理解ではない。患者は、ひとりひとりが「個別性」を生きているわけであり、個々の患者の語りのなかにその人生があるのである。それは、事例研究をとおして学ぶことができる。心理臨床家になるためのもっとも重要な訓練のひとつである。そこでは、ひとつひとつの事例のなかに、心理臨床の場を訪れたひとの「生きる」があり、それを知ることを訓練される。まさに、近代科学にはおさまらないひとの「生きる」を知る実践がそこにある。医学と医療に照らして言えば、近代医学では収まらない医療の実践がそこにあるのである。その実践知を積み重ね体系化していく学問領域として「医療学」を河合隼雄は提唱した(4)。

医学を習った人が医療の現場へ出て行っている。ところが、医療学については何も習ってないから困っているんです。私は、近代医学が悪いとはひとつも言うつもりはない。だけど、医療学もあっていいんじゃないか（傍点は皆藤）。

この、河合隼雄の思いに深く共鳴した石井均が中心となって、糖尿病医療の領域に「糖尿病医療学 The Art and Science of Diabetic Care」が興《おこ》った。二〇一五年から全国規模の研究会として発足し、二〇一七年からは「日本糖尿病医療学学会」となって現在に至っている。

2　疾患と病い

糖尿病は、インスリンの分泌不全によって引き起こされる代謝異常に基づく「疾患 disease」である。現代医学の水準では完治が望めない、いわば「不治の病い」と言える。受診したひとは、血糖値を測定し、その数値の変動によって身体の状態が医学的に判断され、薬剤が処方される。ただし、このような記述は糖尿病の医学的理解に過ぎない。クラインマンは次のように述べている。(5)

疾患というものは、治療者が病いを障害の理論に特有の表現で作り直す際に生み出されるものである。治療者は、疾患というものを各々の治療行為に特有の理論的レンズを通して認識するようにトレーニングされている。すなわち、治療者は、患者や家族の病いの問題を、狭い専門的な問題として、つまり疾患の問題として構成し直すことになる。……疾患は治療者の視点から見た問題である（傍点は皆藤）。

クラインマンのこの語りは、まさしく医学モデルにしたがった患者理解の在りようである。そのとき、クラインマンは「疾患 disease」ということばを用いる。それでは、「病いを障害の理論に特有の表現で作り直す際に生み出される」とクラインマンが言うときの「病い illness」とは、何なのだろう。

病いは経験である。痛みや、その他の特定の症状や、患うことの経験である。病いの経験は、われわれの時代や生活を構成しているあらゆる特徴と分かちがたく結びついている。(6)

この語りからは、病いを抱えて生きるひとの人生、生々しく呼吸するその在りようが透けて見える。これに出会ったとき不思議な感動を覚えた。心理臨床の在りように息苦しさを感じていたわたしには、こころの深みに響くものがあった。理論の枠組みを通して見るのではなく、「生きる」からの視線でひとの生きる営みの在りようをまなざす。このわたしの心理臨床観が大いに支えられたのである。「生きる」からの視線とは、ひとの生きると、そのひとが関わる環境世界・社会をつなぐまなざしだからである。

糖尿病は「疾患」ではなく「病い」である。これが糖尿病の心理臨床に臨むときのわたしの位置となった。したがって、わたしが心理臨床の場で出会うのは、「糖尿病患者 diabetic patient」ではなく「糖尿病者 a person living with diabetes」なのである。第Ⅱ部で詳述したように、心理臨床の場を訪れるひとは、わたしにとっては「病者」ではなく「生活者」である。この脈絡からすると、糖尿病者は糖尿病という病いを抱えて生きる「生活者」である。

糖尿病者は糖尿病を抱えた「生きる」をいかに営んでいくのか。このテーマにわたしはこころを寄せるようになっていった。ここで、当然のこととして、そのような位置で糖尿病者の語りを聴いたところで、糖尿病がよくなるわけでもないし、ましてや治癒するわけでもないという声があるだろう。当然であろう。しかし、だからといって糖尿病者の語りを聴くことが無意味であるとの批判は当たらない。すでに述べてきたように、その必要性は「糖尿病医療学」が成立していることからも明らかである。なぜ、糖尿病者はしばしば医療の側の療養指導にしたがわないのか。先に述べたように、この「なぜ」に応えるには、ひとりひとりの語りを聴くこと、すなわち糖尿病者を「知る」ことが不可欠なのである。

3　食べるということ(7)

では、これまで述べてきたわたしの姿勢から、糖尿病治療の基本である食事療法およびそれに関わる生活指導について考えてみたい。

糖尿病者は、血糖値をコントロールするために栄養指導を受けてカロリー・コントロールをしなければならない。しかもそれは、生涯にわたって続けていかなければならない。この意味で、食事療法は、糖尿病治療のなかでもっとも困難をきわめるものではないだろうか。食事療法が良好にできている糖尿病者は、いったいどれほどいるのだろう。

ここで、「食べる」ということそのものに光を当ててみると、人間以外の生物にとっては食べることは「行為」であるが、人間にとっては食べることは「営為」であることがわかる。すなわち、人間以外の生物にとって食べることは生命維持のために行われる活動であるけれども、人間にとってそれは生命維持のみならず、生活・くらしの中核に位置づく精神活動をも含んだ営みなのである。このことは、食べることが人間を他の生物と区別する根源に位置づくものであることを意味しており、さらに言えば、食べるという営みと人間の幅広く奥深いくらしが密接に関わっていることを意味している。「生きる」からの視線でもって「食べる」をみるとき、そこにはどのような世界が現れてくるであろうか。

(1) 食べることと生死

ひとはなぜ食べるのか。生きるためである。これは何も「ひと」にかぎったことではない。すべての生物にとっても同じことである。しかし、先に述べたように食べるということには人間固有の在りようが含まれている。たとえばそれは、人間だけが料理をするという事実にも表われている。すなわち、食べるということは他の生物にとっては行為であるけれども、ひとにとってそれは営為なのである。マタイによる福音書4:4には、「人はパンだけで生きるものではない。神の口から出る一つ一つの言葉で生きる」とあるが、この聖句は、人間は物質的満足だけを目的として生きるわけではないことを如実に物語る。しかも、食べるという営みは人類誕生から連綿と続いているものであり、聖書には食べることに関わる既述が数多くある。このように、食べるという営みには、きわめて精神性の豊かな人間の体験が含まれているのである。このことは、糖尿病者への食事療法において案外忘れられていることではないだろうか。

食べなければ身体は死に至る。この端的な事実からわかることは、食べることと生死が密接な関係にある、ということである。日常のくらしが生死ときわめて近い状況下では、生死は身体のそれを意味することになる。世界を見渡してみると、物質的に貧困な地域では身体の生死に関わって食べるという営みが位置づけられていることがわかる。そこでは、食べることは営為というよりも行為としての意味をより強くもつことになる。戦中戦後の日本人のくらしを想起すればよいだろう。

しかし、日常のくらしが物質的に豊かな状況下で営まれるようになると、生死はきわめて精神性を帯びることになる。ひとはなぜ生きるのか、生きるとはどういうことか、死とは何か、などといったテーマがくらしのなかに染み込んでくる。そして、食べることは行為よりも営為としての意味を強くもつようになり、そこにさまざまな感情体験が含み込まれるようになる。すなわち、食べることの精神性が大きなこころのテーマになるのである。

たとえば、ある糖尿病者が、「先生の言う通りにアイスクリームを一日一本にしようと決めるんですけど、やはり三本食べてしまうんです」と語るとき、この語りは、カロリー制限を守らないということ以上に、たちまちこころのテーマになるのである。なぜ三本食べてしまうのか。それは糖尿病者にもたしかにはわからない。医療者との「生きた関係」のなかで応えていく問いになるのである。

日本の社会が物質的に豊かになった時代に摂食障害と呼ばれるひとが現れるようになったこと、そして摂食障害が現代医学をもってしても治療困難な疾患であることを想うとき、そこには食べることと精神性との深いつながりが示唆されている。

こうしたことが食べることの根幹にある。すなわち食べるという営みには人間存在の根源的在りようが含み込まれているのである。このようにみると、糖尿病治療の基本にある食事療法は、人間存在の根源つまり人間の実存に向き合うものであることがわかる。このことが食事療法すなわち科学的・客観的な食事のコントロールを困難にしている大きな要因である。

「いかに生きる（死に逝く）のか」は、個々それぞれの人生のテーマであることを思うと、個々それぞれに合った食事指導や個別面談が最重要となる食事療法は、客観的なマニュアルをもって成し得るものではない。糖尿病者と医療者の「生きた関係」を基盤にした語り合いのテーマなのである。

二〇一三年時点では日本の糖尿病有病者数は世界第十位で七百二十万人であり、二〇三五年には千六百七十万人になると予想されている。[8]これだけのひとが人間の実存に向き合うことを余儀なくされる。それは、「いかに生きる（死に逝く）のか」に対峙することであり、この対峙が現代人すべてにとってのテーマであるとするならば、糖尿病は現代人のくらしを象徴する病いであると言えるであろう。

(2) 食事療法の困難さ

これまで述べたことを食事療法に引き寄せて考えてみると、食事療法が個々それぞれの食のあり方を踏まえて行われるべきであるとしていることは、きわめて重要である。けれども、食事療法の実際において求められている三つの事項、すなわち栄養素をバランス良く、適正なエネルギー量で、適切な時間に規則正しく継続的に摂取することは、個々それぞれの食のあり方を踏まえて実行可能であるとは到底言えないのではないだろうか。およそこれら三点は理想であって、糖尿病者でなくとも、すべての現代人がこれを実行することは、人間であるかぎり不可能であろう。だからこそ、食事療法ではこれら三つの事項を「可能な限り十分に達成することが求められている」と、その実現可能性に遂行の幅をもたせているのである。ここに食事療法のむずかしさが如実に示されている[9]。

では、実際に行われている食事療法および生活・栄養指導はどうであろうか。現実は、糖尿病を疾患として捉え、上記の三つの事項を具体的に説明することに留まっているのではないだろうか。もしそうであるならば、糖尿病者はできないことを求められているのであり、そのことはさらなる苦悩を生み出し、当の病者の糖尿病医療をさらに困難にすることにつながるであろう。そして医療者の内面には、「このひと（糖尿病者）は医療者の指示・指導を守らないコンプライアンスの悪い患者」というイメージが形成され、そしてそのイメージが「このような患者はどうしようもない」などといった排除の思想を産む危険性を帯びることになる。

では、どうすればよいのだろうか。

（3）食事療法の基本姿勢

ここで、原点に戻って、食事療法を行う際の医療者の基本姿勢について考えてみたい。これは、案外見過ごされている観点ではないだろうか。糖尿病の治療の中心は、疾患からみた糖尿病医療にとって必要な、食事療法、運動療法、インスリン注射などといったことを糖尿病者が行うかどうかにあるわけだが、このことは医療者の姿勢ひとつでまったく異なる光彩を放つ。一方の極は、治療がうまく運ばないことの理由を糖尿病者の不適応行動に帰着させようとする傾向を生む危険性である。対極は、糖尿病者が自身の病いの経験を活かす方向に進むよう、医療者が糖尿病者に寄り添うという姿勢である。

こうした姿勢の背景にひとつの素朴な事実がある。それは、糖尿病者も医療者も同じ時代に生きているということである。このことは何を意味するのだろうか。

現代では、情報は瞬時に世界を駆け巡る。このような時代では、余裕をもって時間を生きることが困難である。情報を適宜取捨選択して処理しなければならない現代人のストレスは計り知れない。医療者の心理的疲弊に対するケアの必要性も強調されてきている。このような時代性の下で、食べることもかつてとは異なる形態になってきている。家族が食卓を囲み、手作りの料理を味わいながらひとときを過ごした時代は遠い過去のことではないだろうか。家族団欒《だんらん》ということばは現代においては死語に近い。また、現代は飽食の時代である。インターネット上では美食情報が氾濫し、現代人はそうした情報を手がかりに料理店に足を運び、食べることでストレスを発散させている。こうしたことの一方で、現代は空前の健康食品ブームでもある。先に述べたように食べることは生死の根源にある営み、つまり「いのち」なのであるが、現代人はその食事を栄養素に転換させて数字で表現しようとする。そして、その数字を伝えるだけの栄養指導に陥る危険性が、現代という時代には背景として潜在している。

このように、医療者が糖尿病者と時代性を共有するとき、このような時代のなかで、医療者が糖尿病者に対して食事療法の実践を求めることは、不可能を強いているとは言えないだろうか。それによって、食べるという営為にとって、たいせつな何かが置き去りにされているとは言えないだろうか。疾患からみた糖尿病の食事療法が多く語られるなかで、このことを考える際に次の語りはきわめて示唆深い(10)。

食事には単に生きていくための栄養を補給するという意味以外に、楽しさ、リラックス、ご褒美、豊かさ、安心感、愛情など、多くの価値と人間関係、生活史が含まれている。したがって、食事を制限しなければならないという事実は、単に食事の量や質の変化のみではなく、それらの総体を失いかねないことを意味している。

この記述には、病いから捉えた糖尿病医療という視点がある。医療者が食事療法のもつ危険性、すなわち食べることが人間存在の根源にある営みであることをこころに据えることなく、たんに疾患から捉えた糖尿病医療という視点だけで糖尿病者に食事療法を行う危険性を示唆している。

こうしたことを踏まえて、病いとしての糖尿病という視点をも含む食事療法をイメージしてみると次のようになるであろう。ここにひとりの糖尿病者がいる。この病者に食事療法を行おうとするとき、医療者はその病者が生きてきた環境という空間性、文化という地域（地理）性・慣習性、家族や周囲のひとびととの関わりという人間関係性、生きている時代性、さらには遺伝性などといった、およそそのひとを取り巻くあらゆる要素を考慮に入れなければならない。それは、食事療法が、その病者のひととしての歴史を踏まえて、これから生きていくためにそのひとと協同して取り組まねばならない医療であることを意味している。

このように、食事療法は医療者が病者を理解することから始まる。より正確に言えば、食事療法は医療者が病者の人生を理解する営みなのである。食べることは人間にとって、当事者自身を映し出す鏡であると言うことができる、それほどの意味をもつ営みなのである。

けれども、そのようなスタンスで食事療法およびそれに関わる生活指導・栄養指導を行うことはほとんどないであろう。そのひとつの要因として、先に述べたように医療者もまた現代という時代性のなかを生きていることが挙げられる。くらしと時代性の関連は深い。ここで、少し異なる視角から、いのちとしての食事について考えてみよう。

（4）いのちとしての食事

「森のイスキア」を主宰する佐藤初女《さとうはつめ》は映画『地球交響曲　第二番』で知られるが、その映画には、自殺を決意しているひとが彼女の作った梅干し入りのおむすびを食べて、こころ癒やされ生きる希望を抱くシーンが登場する。この映画を撮った龍村仁《たつむらじん》は、そのひとのこころが死から生へと変容したその理由が、小さな枯れ枝を使ってやさしく雪を取り除きながらふきのとうを採る彼女の姿を見てわかったとして次のように述べている。[11]

先生（佐藤初女）は、このふきのとうを今晩のおかずのための単なる食材（モノ）とは決して思っておられない。先生は、このふきのとうを、自分と全く変わらないいのちを持った存在であると、あるいは自らのいのちを、食べる私達のために与えてくださる貴い〝神からの贈り物〟とさえ思っておられる。

この龍村仁の語りは、食事が「いのち」であることを知ったときに生まれたと言える。けれども、科学的・客観的な世界に生きている現代人にとって、おむすびを食べただけでひとのこころが死から生へと変容するなどということは、即座には信じがたいのではないだろうか。これがエビデンスになるのであれば、死にたいひとにおむすびを与えれば生きる希望が湧いてくるということになるが、この一例はそういった客観性や普遍性のあるものではない。しかし、食べるという営みがひとのくらしの根源に生きているという紛れもない事実を語っている。ここが食事療法の前提に不可欠な地平である。食事療法に関しては、個別対応の食事指導の実施や個人面談を通して個々の食生活の具体を知る必要性が指摘されている。すなわちそこには、食事療法には定式化や体系化ではなく、個を重視した取り組みが求められるのである。加えて、ここで「個」と言うとき、それは糖尿病者を指すのみならず、医療者をも指していることを忘れてはならない。個と個の関わり合いとして食事療法は成立するのである。

では、先の例に戻って、佐藤初女という個の在りようについて取り上げてみよう。

（5）食べることの意味

佐藤初女は河合隼雄との対談のなかで、二十歳になる拒食症の女性がおむすびによって生きる希望を見出した例を紹介している。それを受けてふたりのやりとりが交わされる[12]。

> だいたい拒食というのは、扉を閉じているということですからね。社会に対して心を閉じているから、食べるものも入ってこない。閉じて、閉じてくらしているわけですから、そこへすっと何かがほんとうに入ってきたら、それだけで心が開きます。ほんとうに表情とか全部変わりますよ。（河合隼雄・傍点は皆藤）

ここで河合の語る「何か」とは何だろうか。その何かは、拒食症のひとのこころに入るだけでそのひとを変容へと向かわせるものである。それは同時に、療養指導に従わない糖尿病者を変容へと向かわせるものでもある。

> 変わるんですよ。おいしいものを食べて腹が立つ人もないし。だから、いちばん身近なことですけど、それができないんですね。（佐藤初女）

> また、そのおいしいという考え方が、いまは間違ってきていますからね。おいしいものを食べるというと、どこかの値段が高いものを食べるとか、珍しいものを食べるとか、ぜいたくなことばっかり考えている。ところが、じつは身近にあるものをおいしく食べることの大切さがなかなか分からない。（河合隼雄）

そうですね。だから私は、食というのは「いのち」だと思うんです。（佐藤初女）

ほんとうにそうです。（河合隼雄）

そして、生活の基本でもあるから、日に三度の食事をおろそかにすると、生活が崩れていきますよね。（佐藤初女）

（中略）

ほんとうは「食事イコールいのち」なんだけど、そう思わない人があまりにもおおいんじゃないでしょうか。いちばんひどいのはアメリカです。……食事が「いのち」じゃなくて、ただの栄養になっているから。（河合隼雄）

栄養になっている。数字にね。（佐藤初女）

（6）食事療法が伝えること

食べるという営みが人間の生にとって必要不可欠であるという意味で、食べることは生の根源であるのだが、科学の発展とともに、「いのちの継承（他の生命を食し自身の生命が生きる）」と言える在りようが「食材」ということばで表現され、それが栄養素に分解されて、食事は「科学的に健康な栄養素の摂取」に変わっていった。そのことのもつ身体医学的な意義はきわめて大きい。それによって身体の生命維持に医療が寄与できるからである。ここで、生きるために狩猟をするアラスカのくらしのなかで、何日もキャンプしながらカリブー（トナカイ）の狩りをし、仕留めたカリブーを解体する子どもたちを眺める星野道夫《ほしのみちお》の次の語りを聴いてみよう[13]。

仕留めたカリブーを解体する体験。子どもたちは「血まみれになって働いただろう。ひとつの生命を終わらせ、自分の手で触れ、子どもながらに何かを知っただろうか。我々を含めたすべての生命が他の生命に依存しているということを。その肉を口に含んだ時、そのカリブーの生命を自分自身が生きてゆくのだということを。

この語りの内に、先に河合隼雄が述べた「何か」が表現されている。医療者は、食べるということをどのような次元で知っているのか。数字の次元では糖尿病者には届かない。食べるということは「いのち」の次元であり、「いのちの継承」なのである。

このようにみると、糖尿病者の食事療法の困難さは、そうしたことを医療者に知らせようとする警鐘に思われてならない。それは、自らのＱＯＬ維持のために食に関わるコントロールが長期間にわたって必要になる糖尿病者にとっては、食に関わるコントロール自体が生きることの意味の探究という重みをもっていることを医療者に伝える姿に映るのである。

第6章
糖尿病者の語り

これは第Ⅱ部でふれたことでもあるが、心理臨床を始めて二十年余を経たときが、わたしの心理臨床の分水嶺となった。第Ⅱ部の樹《いつき》との出会いも、糖尿病の心理臨床との出会いもこの頃である。その当時のわたしは、心理臨床家としての在りように、ある息苦しさを感じていた。心理臨床家として何かを求めていたときだった。心理臨床の場に訪れるひとの語りを聴くにつけ、そこから多くを学んできた。その「学び」は、心理臨床家としてのものであると同時に、ひととして生きるわたしの血肉にもなっていったのである。それは、ひとの「生きる」の深さを知ることでもあった。そうしたときを刻むにつれ、心理臨床の場に訪れるひとを「クライエント」なり「患者」なりと呼ぶことに強い抵抗感を抱くようになっていった。たしかに、悩みや症状に苦しんでいる。しかし、そうした苦しみのなかで、いのちがけで人生を営む「生活者」でもある。そのことに、深い敬意を払う自分自身を感じていた。

このようなことは、医療の実際の場に身を置くひとたちにとっては、到底理解できないことだろう。心身の不調に焦点が当てられ、その不調を治療することが医療だからである。受診したひとの健康面に焦点を当てるならば、それは医学モデルとは異なるものになるであろう。

そう思ったわたしは、二十年余、この思いを誰にも語らずに心理臨床を続けてきた。そして、この思いは、河合隼雄の考え実践する心理療法と深い接点をもつことを、訓練の当初から確信し続けてきた。それは、悩みや症状が、それを生きるひとの創造性とつながっているという河合隼雄の心理臨床の視点である。たとえば、不登校の子どもは、登校しないことによってどんな創造的な人生を歩もうとしているのか、河合隼雄はその歩みをともにしようとする。そうした心理臨床の姿勢は、わたしに強い勇気を与えてくれた。

そのように心理臨床の場で呼吸していたとき、何人かの大学院生が相談にやって来た。糖尿病のひとの心理的特徴を検討するために描画法を施行したいと、ある病院に依頼に行ったのだが、「絵を描いて枝がこうだから心理的にはこうだといったような研究はお断りする」と言われたのだそうだ。臨床心理学の方法論に疑問を感じていたわたしは、その医師[1]がどのような意図でこのように語ったのかに関心を抱いた。何より、その医師にわたしの想いをぶつけてみたかったのである。その医師との数時間の対話が「糖尿病の心理臨床」の扉を開いた。この医師は、医療の側の療養指導にしたがわない患者にどのような対処が有効なのかにこころを砕いていた。そして、心理的要因の理解の必要性を感じていたのである。これから述べることは、そのようなできごとを経て、はじめて出会ったある糖尿病者（女性）の語りを聴いたわたしが受け取ったことである。

1　事例「糖尿病を生きる女性」

この女性とはある年の夏に出会った。これまで述べてきた心理臨床にたいするわたしの揺れが収まり、自身の心理臨床観で心理臨床の場に訪れるひとの語りを聴くようになって十年近くが経っていた。糖尿病の治療のために外来通院をしていた彼女は、主治医の診察時に、話を聴きたいという心理臨床家がいることを知らされ、その希望に応えてくれたのである。わたしにとって、糖尿病者の語りに接するはじめての機会がもたらされたことになる。

心理臨床の場では、通常、「どのようなことで来られましたか」といった内容が心理臨床家の口から発せられ、語りが始まる。しかし、このとき彼女にはわたしに出会う意思や動機など、ましてや語りたいことなど何もなかったはずである。わたしの一方的な希望に応えてくれた彼女の人生に、暴力的に介入しない細心の配慮が必要であった。彼女と出会った後になったのだが、この点に関してクラインマンはわたしに次のように語ったことがある。(2)

あなたが慢性の病いを生きる患者さんたちに出会うとき、彼らはたちまちあなたが何者なのか、そして、あなたが彼らの病いを本気で助けたいと思っているのかということに感覚的・直観的に気づくものです。その気づきによって、彼らは関係を作るのです。……あなたの姿勢が彼らを助けようとしていることを意味しているのか、あなたが病いの体験を抱えて生きている彼らを助けたいと思っているのか、そのことが分かればすぐに彼らは時間を重ね、関係を重ね、あなたに語ってくれます。……あなたの主な関心が「彼らと病いとの間に起きている葛藤つまり病いの体験」を助けようとすることにあると分かれば、彼らは応えてくれます。もし、あなたがただ「彼ら」に向けてだけ話していると感じたならば、彼らは同じようには応えてくれません。

まさに、医学には収まりきらない「医療」の実践において「生きる関係」を築くときの医療者の姿勢が語られている。またそれは、体験の語りを聴くというわたしの心理臨床実践感覚でもあった。

はじめての出会いから八年あまりの間、十七回の心理臨床の場が重ねられた。当初は彼女の受診に合わせてときが設定されていたが、ここ数回は受診日でなくとも心理臨床の場に姿を見せている。以降は、十七回のなかで語られた印象深い内容をヴィネット形式で綴ったものである。

ここは、彼女の語りに入る前に、今一度、糖尿病を「病い」とみる立場について確認しておきたい。

糖尿病は、インスリンの分泌不全によって引き起こされる代謝異常に基づく疾患である。現代医学の水準では完治が望めない、いわば「不治の病い」であり、いまや国民病と呼ばれるほどの慢性疾患である。ただし、このような記述は糖尿病を外からみた理解に過ぎない。このような、「疾患」としての医学的見方だけでは、糖尿病を抱えて生きるひとが、自身の「病い」を理解してもらったとは思えないだろう。

糖尿病は慢性疾患である。生涯にわたってそれと関わっていくことが求められる。医療者は食事療法や運動療法やインスリン自己注射など、さまざまな糖尿病との適切な関わりを提案する。けれども、そうした医療者側の提案を実行するのは、糖尿病を抱えて生きるひと自身である。たとえば、計画から実行までのすべてを医療者が行える手術による治療などとは大きく異なっているわけである。ここに糖尿病医療の困難さがある。たとえ満点の提案であっても糖尿病を抱えて生きるひとがその提案を実行するとはかぎらない。そして、糖尿病という疾患に関するマニュアル（教科書）には、糖尿病者が医療の側の提案を守らなかったときにどうすればよいのかについてはまったく書かれていない。この意味で、糖尿病医療は、きわめて困難だと言える。おそらく、医療技術がいかに進歩してもこの困難をぬぐい去ることは容易ではない。糖尿病はそれを抱えて生きるひと、ひとりひとりの「病い」である。したがって、糖尿病医療においては、患者それぞれの語りを聴き、それぞれにとっての病い（糖尿病）を理解していかなければならない、ということになる。

このような立場から、この二十年近く、わたしは糖尿病の医療に関わってきた。糖尿病専門の医療機関に不定期ながら継続して関わり、そこを受診するひとたちに個室で話を聴くという心理臨床が積み重ねられてきた。糖尿病という不治の病いと出会い、ひとはその出会いをいかに生き抜いていくのだろうか。わたしが最初に出会ったある女性の、1型糖尿病との出会いとそれを抱えて生きる営みを、彼女の語りから考えていきたい。

（1）糖尿病だとわかったとき

二十歳を少し越えたこのひとは、若者が闊歩《かっぽ》する街中にすっぽり馴染む現代風の女性だった。肩よりも少し伸びた茶髪をなびかせ、きれいに化粧をして姿を現した彼女は、とても礼儀正しかった。その礼儀正しさが外見とそぐわず不自然にすら感じられるほどであった。何か強い抑制が働いている。そんなことまで思わせた。

自己紹介の後、いくばくかの沈黙。「いつだったの?」との問いに応えて、このひとは次のように糖尿病発病のときのことを語った。

小学校四年生のとき、そう十歳だった。食べても食べても痩せていって、おかしかった。喉は渇くし、水ばっかり飲んでいた。そしたら、お母さんがこれはおかしいから医者に診てもらわなくっちゃって言い出して、近くの病院に行った。そこで糖尿病って診断されて、すぐに大きな病院に移って入院になった。わたしは、もう何が何だかわからなくて混乱していた。とても医者の話を聴けるような状態じゃあなくって、それでお母さんが医者から説明を受けた。その説明を、お母さんからわたしが聴いた。「あんたは糖尿病っていう病気になったんだから、ずっとインスリンっていうお薬を注射で打ち続けなくちゃいけないよ」って。「治らないんだよ」って。

糖尿病という不治の病いとの出会いは、このひとの日常生活を一気に変えてしまった。病いとの出会いは彼女の「生きる」を一変させたのである。そして、ここではまだ、一変したくらしがどのようなものなのかを、彼女が知ることはなかった。それを受け容れるこころの器が準備されていなかった。当然だろう。通常、身体の異変を感じて受診するということは、医療による治療を求めることである。どれほど食べても痩せていく。激しい口渇感。さながら、自身の身体が分離して自分とは別の意思をもった生きものであるかのように感じられても不思議はない。それは実に奇妙で不穏な感覚だったであろう。加えて、十歳という年齢からすると、少女から女性へと身体が変容していく第二次性徴の時期に当たる。通常であってもこの時期を何ごともなく経過していくことはむずかしい。初潮・月経への対処などを含めて身体の変容に周囲の安定したサポートが必要な時期である。つまりこのひとの身体は、糖尿病と第二次性徴という二重の変容に応じなければならなかったのである。このことは、彼女にとって、そうとうに意味不明な体験だったのではないだろうか。

母親の語りは、彼女の病いが不治であること、その治療を彼女自身が実行しなければならないことを伝える。医師ではなく自分が治療しなければならない病いとは、いったい何なのだろう。おそらく彼女は混乱の渦のなかだったろう。

身体には自然治癒力がある。風邪を引いたとき、医師の処方通りに服薬しなくとも、身体自身も快復に向かっていこうとする。風邪が治ったとき、処方された薬が余っていることはよくあることだ。しかし、糖尿病の場合、そうした自然治癒力は働かない。それとは反対に、食べることによって体内に入った糖は、分解されることなく尿糖となって体外に排出される。この循環が重なると、身体の機能は徐々に衰え、合併症に至る。したがって、自然治癒力ではなくどうしても薬によって循環をコントロールする必要がある。そして、それは生涯続くのである。

「慢性疾患」という呼称は何となく柔らかな印象を与える。しかしそれは、「不治の病い」なのである。母親はそのことを娘に告げている。そのときの彼女の胸の内はどのようなものであっただろう。医療の場では、こころが落ち着きを取り戻すことよりも身体の状態を安定させることが優先されたであろう。それでは、こころはいったい、どのように落ち着いていったのだろう。思わずわたしは、「辛かったね」と伝えた。すると、彼女はこう続けた。

あきらめないといけないってお母さんに言われたけれど、でもそんな感じにはとてもなれなくて、もうわけが分からなかった。インスリンを自分で打てるようにならなくちゃ退院できないって言われて。それで二ヶ月間、入院していた。で、自分で打てるようになって退院した。

このひとにとって二ヶ月間は、医療からみればインスリン自己注射ができるようになるまでの時間だが、それは同時に、彼女がいくばくかのこころの落ち着きを得るために必要なときであったようにも思われる。母親のことばを借りれば、あきらめるために必要な時間だった。この二ヶ月間、彼女のこころは、自分に寄り添い、その気持ちや想いを聴くひとを求めていたのではないだろうか。

彼女は、自身の人生の物語を急変させた事態を淡々と語るのだった。その姿に、多少なりとも違和感を抱いた。それはもうすでに過去のこととして、ほどよい温度で回想されるできごとだったのだろうか。それとも瞬時に沸騰するほどの熱をもっており、発火の危険から逃れるための語りだったのだろうか。もう少し、当時の様子を尋ねてみることにした。

お父さんの仕事の都合で引っ越ししたのが四年生で、そのときにこの病気になって、そして五年生になって転校したんです。そのとき、転校先の担任の先生は、わたしが糖尿病っていう病気で毎日注射を打たないといけないんだっていうことを、ホームルームだったかな、みんなに話したんです。でも、そんなこと、みんな、ふ～んっていう感じでした。何人かはわかってくれたみたいだけど。お母さんは毎日、わたしにインスリンを打つために学校に来た。わたしは自分で打てるんだけど、お母さんは毎日来て、保健室でわたしにインスリンを打ったんです。

本人も含めて、家族の人生が大きな転換期に来ていたことが覗《うかが》える。彼女は、自分自身に起こった身体の革命的変化と、家族にもたらされたくらしの一大変化を、いったいどのように受けとめたのだろう。それはまったき受動性の体験だったに違いない。自身でどうにかして何とかなるような事態ではなかったからである。

また、彼女は母親の不安にも気づいていた。母親は娘の人生の急変に戸惑ったのであろう。どうしてやればいいのか、わからなかったであろう。自身の不安を収めるために、毎日、保健室を訪れたのかも知れない。そんな母親の不安に、彼女は抗《あらが》えなかった。不安の源は自分自身の病気にあったのだから。仮に、医師の指示を守ることで治癒するのであれば、母子関係の様相もまた違ったであろう。母親はその指示を娘に守るようにと援助し、彼女もまた快復に向かってそれにしたがっただろう。ふたりは、ひとつの危機を乗り越えるべく、二人三脚《ににんさんきゃく》の母子関係を生きたであろう。しかし、いくら医師の指示を守っても、糖尿病という病いは治癒することはない。この時期の彼女は、どうにもならない自身の身体の在りようと、自分を心配してくれる母親との間で、どのような想いで過ごしていたのであろう。病いを受け容れるしかない自分。どんなに抗ったところで何にもならない自分。けれども、そんな彼女は、母親に優しかった。インスリンの自己注射ができるにもかかわらず、学校に来て自分に注射を打つ母親を受け容れていたのである。しかしそれは、自分で注射を打つ機会を奪うことでもあった。

自分が糖尿病であることを隠すひとも多い。いたずらな慰めや偏見や誤解の渦は、当人を疲弊させるだけである。しかし彼女は、自身の意思とは関わりなく、担任によって自分が糖尿病であることを公表されてしまう。前もって知らされていたことだったのだろうか。転校したばかりで、ただでさえ注目を浴びる状況にあって、このような事態は、わたしには辛いことだったのではないかと感じられる。自身が「あばかれる」体験だったのではないだろうか。もちろん、それが悪かったと言っているのではない。おそらく彼女は、担任の配慮を感じていただろう。だからこそ、苦しかったのではないか。

このようにみると、糖尿病の発病から二年あまりの時期、彼女は、不安の裏返しでもある周囲の配慮や優しさに息苦しさを感じて過ごしていたのではないだろうか。

さて、そうした小学生時代を過ごし、彼女は中学生になった。

中学生になってからは、お母さんに言ったんです。「もう自分でするから来なくていい」って。そして、自分で打つようになりました。

大きく頷くわたしに彼女は微笑する。「もう自分でするから来なくていい」。ずっと言いたかったことばではなかったか。彼女なりに葛藤もしただろう。しかし、彼女のこころは自身の人生を歩く方向に舵を切った。彼女が強くなったと感じる。わたしとの対話にも、リラックスする雰囲気が醸し出されてきた。そして彼女は、いくぶん気持ちを押し出す感じで語った。

わたし、五歳のときに急性腎炎になって二ヶ月入院したんです。そのときは、血尿が出て。二ヶ月入院して、退院してから一年間通院した。月一回かな。

彼女を襲った病いは糖尿病が最初ではなかった。驚きとともにそれを聴いたわたしは、秘密を打ち明けられたのである。

五歳といえば遊び盛りである。身体を動かしたくて仕方のない時期。そんなときに二ヶ月の入院、そして通院。元気になったと思ったら糖尿病の発病。このひとと、自身の身体との関わり合いの歴史は、自身の在りように大きな影響を及ぼしたに違いない。思春期までのときを、彼女はどのような想いで生きてきたのだろう。「急性腎炎で入院して、それから今度は糖尿病。何かいろいろ思うことあったんじゃない？……」と尋ねてみた。ぎこちない感じで、彼女は応える。

なんか最初は、……別にそんなにあれだけど……。

心理臨床の場が張り詰めた雰囲気になる。わたしはことばを待つ。彼女は、少し沈黙した後、

えっとね、どんくらいかな、病気がわかって半年位かな、兄妹が上と下にいるんですけど、なんであのふたりは入院したこともないのにどうして自分だけなの、っていうのはあった。

このひとの優しさを感じた。誰に向けても答えのない問い。しかし、どうしても自問してしまう。これまで誰にも問わずにこころに抱えてきたのならば、このことばはわたしに向けてのものではなく、天に向けての、世界に向けてのものだと、わたしは確信した。彼女に出会った責任がわたしにもたらされた。この語りをわたしは引き受けていかなければならない。

どうして自分だけが病いにおかされるのだろう。病いを得た多くのひとがそう自問する。しかし、答えはない。それは運命としか言いようがない。そうした出遭いを生きていかねばならない。しかも彼女の場合はまだ幼児期のことだった。その後、一生、病いを生きる人生が続く。わたしは思わず口に出していた。「それって、自分が悪いわけじゃないじゃない」。そしてすぐに、わたしにはまだ彼女の病いが他人事だったと気づいた。抗うわたしがそこにいたからだ。しかし、そのようなことを幾度となく彼女は自身に言い聞かせてきただろう。どうしてわたしだけが病気になるのだろう。この問いのもつ切なさは、運命に抗えないひと

の在りようにある。いまわたしは思うのだが、そうした運命の下に生まれた人生をひととして生きるところに、人にたいする愛しさが生まれるのではないだろうか。わたしの語りに、彼女は沈黙で応えた。長い沈黙の後、ふたたび口が開かれた。

小学生のときはお母さんが気を遣っていたのか、毎日、お昼に、保健室でインスリンを打ちに来た。中学校からはもういいよって全部自分でやったけど……。中学生のときは保健室とかトイレとかで打った。高校生からはトイレで打った。中学生になると、仲の良いともだちができて、一緒にご飯食べようって言うと付いてきてくれたりした。でも小学校のときは先生がみんなに話していたから。わたしは別に何とも思わなかったけど、多分、親は大変だったと思う。わたしの家が親の仕事の都合で引っ越ししたんです。ちょうどそのときわたしは四年生で、病気になって、それとまた仕事の都合で、五年生になって今度は転校した。そのときに、宿泊学習みたいなイベントが学校であったんです。でもわたしは最初、教育委員会から参加が認められませんでした。その、注射を打つのは衛生上どうなのか、何かあったら怖いから、とかいう理由でした。その理由は後から親に聞かされました。結局、参加は認められたんですが、そのときは親が宿舎の駐車場で待機するという条件付きでした。

先の語りと重複する内容も含めて、このひとは当時の自分を想い出すように語った。その語りはゆっくりとしていて、深い情感の籠もったものだった。語りが徐々に深まってきた。それは、彼女と家族が糖尿病と闘ってきた歴史の一幕だった。社会に浸透している排除の論理との闘いは、理不尽さを身に浴びることでもあった。そうした闘いは、しばしば社会を敵に回して、勝ち負けの様相を帯びるが、それは却って生きづらさを招くことになる。しかし彼女と家族の場合はそうではなかった。ここに、激動の時期を生き抜きながら、糖尿病がくらしのなかにたしかな位置を占める在りようを感じることができる。糖尿病は彼女自身と家族にとって、その平穏を脅かす異質なものであることはたしかだ。しかし、それを排除することはできない。それを抱えて、それとともに生きていかなければならない。そのとき何が必要なのだろう。それは、異質なものを抱える力である。彼女と家族にはその力があった。否、幼少期から病いを抱えて生きるそのプロセスが抱える力を培ったのである。

中学生からは注射のこととか、全部自分でやるようになった。お母さんは楽になったっていうか……もう来なくていいって言ったんです。

そう言ってくすりと笑った彼女は、流れるような口調でさらりと言った。

わたし、お母さんに打ってもらうのが、ただ嫌だったんです。

病気になったことで母親を不安がらせた自分。そんな母親に優しく接してきた自分。しかし、彼女のこころには自分を心配する母親の行動を嫌う、もうひとりの自分がいた。そのことがはっきりとことばで語られた。わたしは、話を聴くことの深い意味を感じた。これまで見せずに生きてきたもうひとりの自分が語られること、それは、全体としてひとつになって生きる新たな自分の誕生でもある。

ひとが「全体として生きる」というのは、きわめてむずかしいことである。通常は、対外的に否定されることや価値観を表に出さないようにひとは生きている。それが抑制であり、理性によって欲望を抑えることでもある。しかし、こころにはかならず影の領域が潜んでいる。その領域を統合してこそ、ひとは全体性を生きることができるのである。しかしそれは、嫌な自分、できるならば見たくない自分に直面することをも意味している。そうした否定的な自分に直面し、それを自身の人生のなかに含み込ませていく。それはときに、じくじくした痛みを伴う体験をも余儀なくさせる。けれども、否定的な自分に気づきながらも、そうした痛みを実感し抱えることで、ひとは全体性を生きることができるのである。嫌な自分はなくなりはしない。否定的な体験を消去することはできない。ひとはそれらを抱えて生きていかなければならないのだ。

このような全体性へのプロセスは、語り手と聴き手の関係の在りようのなかで展開していく。それは、語り手が受容を体験するときであり、聴き手とともに「自然法爾《じねんほうに》」の世界に誘われていく道のりである。そのようなときの、ほんの一瞬が彼女自身に生まれた。そして話は、インスリン注射のことに移っていった。

> 一番嫌だったのは、はじめて、自分で自分の注射をしたときかな。いままでは母親とか病院の先生がしていたんだけど、自分ではじめて打つとき、打つのに一時間くらいかかった。怖くて……。

注射器の針を腹部に向けて、一時間のときを刻んだそのこころを想ってみる。彼女は「怖い」と表現するが、その表現だけでは「体験の語り」としては十分ではないだろう。わたしにはそれは、自身が自身の生死を分かつ一瞬を超える体験としてあったのではないかと感じられるのである。打てなければ、自身がみずからその生を長らえることはできない。象徴的にも現実的にも、それは「死」を意味する。打つことができれば、自身の力でいのちのときを生きることができる。その境界に彼女は一時間のときを刻んでいた。新たな「生きる」に向かうためのイニシエーションを生きていたのだ。自分で注射ができるかどうかは、技術云々の問題をはるかに超える生死の問題なのだ。

彼女が言う「怖さ」。人生の分岐点に立った感情だと確信したわたしは、より深い共感の世界に生きようと彼女に尋ねる。「その怖さって……?」。

う〜ん。何だろ。痛みはもう打ってもらっているから分かるんだけど……何か、自分で自分に射すみたいな。何だろ、手に汗かくみたいな怖さ。手が震えて。

象徴的にみると、この行為はこれまでの自身の生を殺すことである。「自分で自分に射す」との表現は、このひとにとっては、これ以上は語れないほどリアルに、生々しく自分自身に響く体験だった。滑らかではなくたどたどしい語り。

ひとはこころの深みを語るとき、滑らかにはいかない。それほど整理された感情に在るわけではない。何とかことばを探し、ことばがもたらされるときを待ち、そうして生まれたことばを語る。「自分で自分に射す」「手に汗かく」「手が震えて」。ひとつひとつの表現と語りは、たどたどしい。それだけに、真実を伝える。このように思うと、糖尿病との出会いは、象徴的にはこれまでの生が死と出会うことを意味する。そして出会いをとおして新たな生へと導かれていくことを意味する。

知らぬ間に、わたしは口を開いていた。「思い出させてしまったね。ごめんなさい」。彼女とわたしとの関係は、ふれてはならない領域にこころを寄せてそこにふれるという彼女のこころの動きをもたらし、そして彼女に傷みを感じさせた。そうわたしは感じた。そのとき謝罪のことばがもたらされたのである。

うぅん、大丈夫。お母さんはそれを見て、泣いていた。

この体験を自身の新たな生に含み込ませている彼女の強さを感じると同時に、娘が自分の手の届かない世界にみずから身を委ね、そして新たに生まれ出ようとしている姿を見る母親の情愛を、わたしは感じた。

それから、長い沈黙が訪れた。先の語りの最後の部分に自分が母親の様子を伝えたことにこころが残っていたのか、あるいは語りの深みから少し浮上しようとしたのか、彼女は母親のことから語りを継ぎ始めた。

(2) 妊娠と出産

お母さんはね、最後に相談するひとかな。頼れるひとって言うか。わたしは、いまはもう結婚もして子どももいるし、お母さんとは別にくらしているけれど、週に四日くらいは実家に顔を出している。

このひとが既婚でしかも母親でもあることを知って、たいそう驚いた。まだ青春を謳歌できる年齢でありながら、すでに結婚し、子どもも授かっている。糖尿病を生きる人生でなくとも、妊娠・出産は一大事である。ましてや糖尿病の彼女にとっては、途方もないことだったのではないだろうか。彼女はこの辺りについて、次のように語ってくれた。

子どもはいま一歳、もうすぐ一歳二ヶ月です。

彼女の表情が明るくなる。

わたし、早く結婚したくて、それで好きなひとができて、わたしからアプローチして……。妊娠して、できちゃった結婚です。

にこやかに語る姿を見ながら、わたしには、このとき自身の糖尿病のことを彼女はどのように考えていたのか、彼には打ち明けたのだろうかなど、糖尿病という病いを巡るさまざまな疑問が湧いた。そんなわたしの表情を見て取ったのか、彼女は続けた。

妊娠したときは身体が最悪の状態で、すごい不安だったんですよ。それで、インターネットで自分と同じ体験をしてきたひとはいないかって探したら、自分と同じ体験をして子どもをふたり産んでいるひとがいて、そのひとと連絡を取り合っていろいろ教えてもらって。そういうのも、……うん、……。

血糖コントロールがきちんとできていないのに妊娠しちゃって。主治医からは危ないって言われました。覚悟して下さいといったようなことを言われた。わたしのような状況で出産した子どもの二五％に何らかの障害があるって。そういう統計が出てるから、ほんとうはいまの状態で妊娠するのは望ましくないみたいに言われた。

……それでまあ、主治医の言うことはとりあえず聞いて、いまやれることをやろうとこころに決めた。血糖値をきちんと測ってコントロールできるようにしようって。でも、血糖値を測るのって面倒くさいんです。高校生の途中くらいから、何かすごい面倒くさいっていうか、嫌になったっていうか。別に痛いとかじゃなくて。面倒くさい(笑)。注射だけだったらぱっと打って終わるんだけど。血糖値を測るときは準備も必要だし、トイレで測ってたから時間がかかるし。でも注射だったらぱっと終わるから。どうせ注射は打つんだから血糖値は測らなくていいやって感じになってしまった。それで血糖コントロールはめちゃくちゃだった。でも、妊娠して、ちゃんとしようと思った。それで、一日十回くらい血糖値を測って。ちょっと怪しいと思ったら測って。上がりそうな感じだったらすぐインスリンを打ってとか。食べたものとか、ご飯の雰囲気っていうか、何かそんなことから上がりそうな感じがわかる。妊娠中は欠かさずにやった。それで血糖コントロールができるようになった。でも、妊娠の後半くらいにちょっと気持ちがゆるんで、すごい体重が増えてしまった。それで、出産一ヶ月半前くらいに体重をコントロールするために入院した。血糖値はいいんだけど体重が……。最初は血糖値に気をつけて、それでうまくいったら今度は体重って……。でも、生まれた子どもには何の問題もなかった。ほんとに、よかった。そのことを知ったとき、嬉しかった。男の子……かわいかった。安心した。それで、血糖コントロールのことなんかが甘くなった。

大笑いして語り終えた彼女を前に、生きることの必死さを感じた。彼女のうちには、年齢相応の人生を生きる自分と、糖尿病を抱えて行動を規制しながら生きる自分が同居している。妊娠は、前者が生き生きと世界とつながった体験だった。ところが、そうなると一気に後者の自分を自覚させられることになる。両者が一体になることはないのだろうか。後者の自分を自覚させられたとき、彼女がとったのは、同じような経験をしたひとを探すことだった。乗り越えてきたひとがいることを知った彼女はどれほどこころが落ち着いたであろう。どれほど勇気づけられたであろう。彼女の体験は彼女だけのものではなく、「病いの体験」を生きるひとすべてのものなのだろう。

彼女は看護師になりたいという夢を抱いている。そのことについて尋ねてみた。

妊娠・出産で思ったのは、わたしのように不安になっているひとがたくさんいるんじゃないかってことなんです。わたし自身がそうだったし。で、そのときに経験者がいて大丈夫だよって言ってくれるとずいぶん違うと思うんです。実は、出産で病院に入ったとき、小学校のときにサマー・キャンプで出会った看護師さんが助産師でおられて、わたしはずいぶん助かった。わたしのことがタウン誌に載ったときも、それを読んで同じ不安を抱えているひとからアクセスがあったし……。だから、看護師になってそういうひとのためになりたいと思う。

糖尿病が彼女の人生のなかで呼吸している。もし彼女が糖尿病でなかったとしたら、この語りのように思う彼女はいなかったであろう。では、そのような人生が次の世代にどのように継承されていくのだろう。このことについて彼女はこう語る。

もし子どもが糖尿病になったら、……うーん、わたしは耐えられないと思う。自分のことだからこうしていられるけど。

「耐えられない」。重く、重く響く。彼女は「自分のことだから」耐えてきたのだ。同じように耐える他者を求めてここまで生きてきた彼女も、わが子にたいしては、お母さんもそうだから、とはならない。それほど、糖尿病は彼女の人生に、ときに密やかにときに鮮やかに、さながら血流のように生きていることを思った。クラインマンのことばが蘇ってきた。(3)「彼女は、生き続けるために耐えなければならなかった。だから耐えていたのである」。

語りのなかで、「サマー・キャンプ」に参加したことがわかった。この体験については次のように語られた。

(3) サマー・キャンプ

小学校五年生のときから高校一年くらいまで、毎年参加していた。三泊四日くらいで、二十～三十人くらいが参加してくる。わたしはそれまで、「なんで糖尿病やからってこんなことせなあかんの」とか「なんでわたしだけこんなことせなあかんの」みたいに、「なんで」人間だった。それで親を困らせていた。でも、キャンプに参加してみると、わたしと同じ糖尿病の子がたくさんいた。ああ、わたしひとりじゃないんだなあって思いました。それで吹っ切れたところがありますね。それまでは、兄妹も両親も誰も糖尿病じゃないのに、どうして自分だけっていう気持ちがずっとあった。でも、わたしだけじゃないんだっていうことがわかった。

キャンプでは普通に食事してもまったく何も言われなかった。施設で出してくれる食事を普通に食べて、それで栄養士さんが血糖測定してくれて、血糖値がこれだけ上がるみたいなことを教えてくれた。医師も看護師もいるし、学生さんもいてさまざまな企画があった。伸び伸びと解放された環境で走り回ったり、泳いだり、ほんとうに身体を動かしてよく遊んだ。それで糖尿病のことも勉強した。仲間と交流して、自由に過ごせた。ほんとうによく動くのでいくら食べても低血糖なんですよ（笑）。このキャンプがきっかけで、「なんで」がなくなりました。糖尿病のことで親に反抗することがなくなりました。


彼女にとっては画期的なことだったろう。語り口調が生き生きしていた。それは、糖尿病のために抑制されてきた生活から、糖尿病があってもこれだけの解放的な生活ができるという、糖尿病にたいする見方の大きな転換だったのではないだろうか。まさに、イニシエーション体験だった。

彼女は、キャンプに参加するまで、自分が引き受けなければならない糖尿病に対して、「なぜ」という疑問を周囲にぶつけることで葛藤を表現してきた。そうした時期はおそらくすべての糖尿病のひとにとって不可避のときなのではないか。ところが彼女は、思春期の入り口に当たる五年生のときにサマー・キャンプというイニシエーションを体験し、思春期、青年期の激動の時期を、糖尿病を言い訳にして情動的に荒れることなく経過することができたのである。それは、彼女のなかで同居していたふたつの自分が融合するようなことだったのかも知れない。少なくとも同居する葛藤を抱えて生きることができるようになった。

最後に、ふたたび妊娠したときの体験が語られた。

あのときはもし赤ちゃんに何かあったらと思うと、自分ができることをしなくちゃいけないって思った。両指は血糖測定の跡だらけでした（笑）。もし赤ちゃんにって思うのは、糖尿病のひとじゃなくても妊娠したひとがみんな体験することだと思う。わたしには、その延長に糖尿病のコントロールがあったってことだと思う。……だから、あんまり神経質にならずに自分なりに自然にやったらいいと思うんです。サマー・キャンプからそう思えるようになったんです。それまではお母さんなんかは、お米をしっかり量ったりしてましたけど、キャンプの後からは全然そんなことしなくなって。糖尿病の仲間が悩んでいる話をすると、あんまり気にしすぎないようにって言ってあげなさい、なんて言うんです（笑）。

彼女の語りを聴くことは、いまも続いている。ここに記した以外にも多くの語りに出会ってきた。その度ごとに思うのだが、糖尿病を抱えて生きるというのは、勉強、恋愛、結婚、妊娠、出産、仕事などなど、通常であれば何となく過ぎていくかも知れない日常のときどきを、糖尿病を意味あるものにしていくときとして生きる人生であるように感じるのである。

おわりに

医学に無学なわたしが、心理臨床家として糖尿病者の「生きる」について考えてきた。その語りを聴きながら、つねにこころのどこかに、このようなときをともにしたところで糖尿病の状態が改善されるわけではないのに、という想いがあった。語りを聴き始めて二十年余の間に、この想いは薄らいではいった。だが、消えることはない。科学者を志したわたしのこころの残滓《ざんし》がそう思わせるのだろうか。ある医師が「医学は敗北の学だ」と語ったことがあった。ひとの死を救うことはできないという意である。クラインマンに尋ねたことがある。死に逝くひとを助けることはできないのではないか、と。すると、クラインマンはこう応え

た。(4)

たしかに死にゆく人を生きるように助けることはできませんが、死にゆく人の死を助けることはできます。助かる希望もなく死に向かっている人びとは、たしかに死までの間を生きていくプロセスを「助けて」(help) ほしいと思っているでしょう。そして同時に、死んでいかなければならないときに、死んでゆくプロセスを「助けて」(help) ほしいとも思っているのです。あなたはそのプロセスにとって役立つ存在になることができるのです。……あなたは、彼らの苦痛とともに歩みます。そのときあなたは、彼らにとって死にゆくプロセスは操作できないということに自覚的であるべきです。あなたは、彼らが何者なのかということに、揺れることなく向き合うべきです。それが、あなたが彼らに「信念」(faith) を与えるということです。あなたが言う「あるがまま」(5)という「信念」を彼らに与えるということです。ここまで生きてきた彼らが何者であるのかを表現することを支える、すなわち彼らに「信念」を与えると、彼らは自分が何者なのかをあなたに語るのです。そして、彼らは自らの力で自身が何者であるのかに辿り着くのです。それが、あなたが彼らを「助ける」ということなのです。

「あるがまま」という「信念」については、第I部において、心理臨床家はセンチメンタリズムを超越しなければならないという脈絡で、若干論じた。クラインマンの語りはその姿勢を教える。語りのなかの「助ける」は「助けられる」と、「与える」は「与えられる」と同義であろう。それが心理臨床の道行きである。クラインマンの語りは、糖尿病者との関わりにも、そして病いと出会ったすべてのひととの関わりにも共通するものである。

おそらく、心理臨床家としてわたしはまだ途上なのだ。もとより頂上などありはしないが。糖尿病者と出会い、病いを抱えたひとと出会い、その語りを聴き、その人生の道行きをともにする、果てのない心理臨床のなかで、わたしは呼吸している。

ひとは、糖尿病との出会いをいかに自身の人生に意味あるものとしてゆくのであろうか。糖尿病を抱えていのちのときをいかに刻んでいくのであろうか。現代社会において、「病い」はこうしたテーマをわれわれに提示している。

補章

現前性（プレゼンス）[1]

アーサー・クラインマン
皆藤　章　訳

五十年前、スタンフォード大学医学部を卒業したわたしは、妻を亡くした悲哀が依然としてこころを占めるなかで、今年、医師免許を休止状態にしました。このことは、臨床医としてのキャリアが公的に閉じられたことを意味しています。そしていま、臨床医としての体験、教員、メンター、研究者としての体験、そして家族のケアをする者としての自身の体験を振り返ってみたとき、想い出のなかから「現前性《プレゼンス》」が生き生きと蘇ってくるのを知りました。わたしにとってこのことばは、他者のために他者とともに在り、そこにおいて生き生きと呼吸する、他者とかかわり合う意思を意味しています。ですから、現前性《プレゼンス》は他者に呼びかけ他者に向かうアクティヴな在りようと言うことができるのです。現前性《プレゼンス》は他者の瞳にその想いをくみ取ろうとします。他者の腕に自身の手を置き、強くたしかに握りしめ、直《じか》に、真の感情でもって話しかけるのです。現前性《プレゼンス》は、揺るぎなくたしかに語りを聴き、そのひとと、聴くことによってもたらされた物語が指し示す在りようを、そのひとに理解されるように注意深く語ること、これらによって構築されるのです。それは、身体の検査にいのちを吹き込む営みなのです。それによって、何気ない間合《まあ》いや、触診、聴診といった行為が、機械的ではなく生き生きと営まれるようになります。ケアをすることを定義づけるのは、他者とのかかわり合い方、検査の方法、そして治療、これらすべてが一体となった在りようと言うことができるのです。

著名なアメリカの社会学者、アーヴィング・ゴフマンの概念「コ・プレゼンス（共存）[2]」は、現前性《プレゼンス》をよりいっそう際立たせてみせます。というのも、現前性《プレゼンス》は、臨床医と患者双方からのエネルギー、ケアをする家族とケアを受けるひと双方からのエネルギーがきわめてたいせつになる、対人関係のプロセスと言えるからです。現前性《プレゼンス》は、双方の情動と空間のなかに呼吸をする、かかわり合いのプロセスからもたらされるのです。通常、現前性《プレゼンス》によって活性化が起こります。その体験はふたりの間で共鳴し合うのです。すなわち、ここにいるわたしには証人になる準備ができている、あなたの苦悩にすぐさま対応し応答する用意ができている。ここにいるわたしはあなたのためにいる、現前性《プレゼンス》とはそういう在りようなのです。

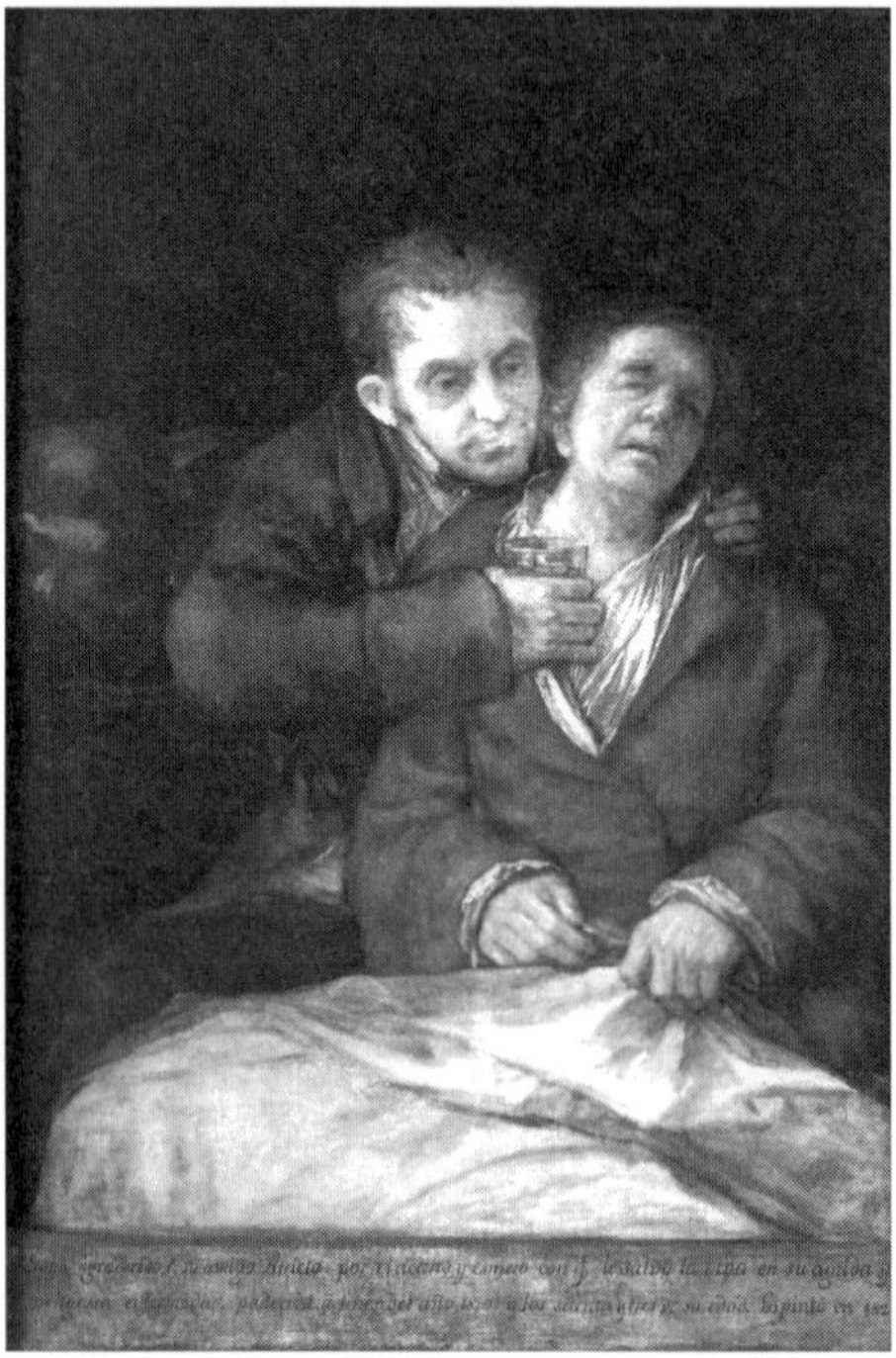

図14　フランシスコ・ゴヤ作「医師アリエタとの自画像」
〔Francisco Jose de Goya y Lucients, Self-Portrait with Dr Arrieta (1820) : Minneapolis Institute of Arts, MN, USA / The Ethel Morrison Van Derlip Fund / Bridgeman Images〕

中国人は、わたしが現前性《プレゼンス》と呼ぶ在りようを、大人の生命力や活力として、また、子どもの輝きや明るさとして特徴づけています。伝統的な中国の医療者の理解では、現前性《プレゼンス》は、高められた「気（生命エネルギー）」のエビデンスとして、そして健康や活力の指標となっています。また、結婚斡旋人や教師たちは、仕事の見通しを立てたり、生徒との信頼のサインとして現前性《プレゼンス》を考えています。一般のひとびとは、現前性《プレゼンス》がソーシャル・ネットワークを拡大し、友情を豊かにすると信じています。

その一方で、ケアをするひとの側からはどうでしょう。図14の絵画（フランシスコ・ゴヤ「医師アリエタとの自画像」）のなかのゴヤは、医師アリエタに支えられ薬を飲ませてもらおうとしています。癒やし手の力強さとともに、ゴヤの辛抱強さと弱さが作品に吹き込まれて伝わってくるようです。ここでは、ケアは蘇《よみがえ》りとして描かれています。現前性《プレゼンス》は、医学史の屑籠にご都合主義で捨てられた生命論のなかから、長い間不当に放置されてきた生命力を賦活させるのです。

ところで、われわれは、「不在（アブセンス）」からも現前性《プレゼンス》を知ることができます。たとえば、電話の向こうでほとんど聞く耳ももたない官僚的無関心さを絵に描いたような健康保険プログラムの代理人たち、あなたとあなたの質問を取るに足りないとするひとたちは不在《アブセンス》の在りようと言えるでしょう。ただ、そうしたひとたちはそれなりの必然性があってそうしているだけなのです。コンサルテーション・リエゾン精神医学やグローバル・ヘルスの仕事に携わってきたわたしは、このような機械的な、落胆させるようなやり方で、医師や看護師そして家族までもが、患者にそしてわたしに対してまでも対応するということを体験してきました。ときに無益で、ときにはまったく無関心。まるで自動装置のようです。そこには生々しく呼吸するひとが不在であるかのように、ほとんどつねに見下ろし目を逸らすのです。こうした態度からは、官僚的なケアの定義が見えるように思います。たとえば、老衰や認知症の老人を拘束するため介護施設で抗精神病薬を投与することがあります。それは制度的な手続きに従っているひとたちにとっての治療なのです。これは制度の通りにやっていることであなたたち自身の問題ではありません。そのようなメッセージがここには込められています。グローバル・ヘルスの仕事においてすらそうかも知れません。そこに、ケアを受けることと同じくらい根本的に、現前性《プレゼンス》すなわち質の高いケアの在りようを見ることができるでしょうか。

さて、現前性《プレゼンス》や不在《アブセンス》は何も専門的・制度的な枠組みに限定された在りようではありません。家族をケアするひともまた同様の結果を体験することになります。病院やクリニックでは、ケアをするひとと受けるひととの関係が活性化したり希薄化したりすることがありますが、それと同じことを家族に見ることがあります。

日々の家族の営みのなかで、ある家族の要求に応える責任ある行為すなわち道徳的・人間的行為は、家族の現前性《プレゼンス》によってなされるのです。現前性《プレゼンス》は、友情や親密な絆を深める力として関係のなかに生き生きと立ち現れてきます。病いを患い意気消沈する家族や友人に感動を与えるのです。このような情動的交流のある関係のなかで、ケアをするひとは次々に高められていきます。苦難の海のただなかにあって、想いはほとんど魔法にかけられたようにつながっていくのです。ケアは人間であるためにきわめて重要な営みと言うことができます。だからこそ、耐えなければならないし、耐えることができるのです。

ただし、セルフケアにおいては、現前性《プレゼンス》の営みは容易にはイメージできません。士気喪失や挫折といった体験は、まさに内的快復を促進させセルフケアを喚起させる生命力の不在《アブセンス》と言ってよいのではないでしょうか。うつ病では、現前性《プレゼンス》の力は減弱するか排除されています。ひとはみずから蘇ることができるとも言えるのですが、ただ、その自覚がないと、おそらくその変化は、まだ説明できないプラセボ反応のようなものになるでしょう。生命力が意識的に呼び覚まされてはじめて、エネルギーが充填《じゅうてん》され、希望が溢れ、そして健康増進へと向けた行動を起こすことができるようになるのです。

わたしは個人的に信じているのですが、臨床医が繰り返し体験する現前性《プレゼンス》こそが、医学における経験という長く困難な旅の間の臨床を支えるのです。それがバーンアウトを回避し克服する一助となるのです。けれども、現前性《プレゼンス》の実践というのはただの身振りや手振りのようなものではありません。米国の偉大な心理学者で哲学者のウィリアム・ジェイムズが信じていたことが、わたしにはよりいっそうたいせつなことに思えるのです。それはすなわち、日常の決まりきった仕事に生命力を費やして意味を見出す、そのことが習慣となる営みをとおして、現前性《プレゼンス》は儀礼的になりおのずと生活に埋め込まれていくということなのです。

さて、ヘルスケアのなかにケアを蘇らせる熱心な努力に加えて、プログラム構築の努力も必要となります。そのプログラムとは、医学生、看護学生、そして他の領域の学生たちを人間的特性という点から選抜して、その学生たちをトレーニングしながら、その人間的特性を維持するための方途を見出すためのものです。カリキュラムのなかで学生たちは、臨床的な出会いを体験し、それについて議論し、そしてそれらは患者やクライエントへの対応に反映されていきます。しかしながら、それ以上に重要なのは、年少者の医療専門家とくに研修医が、患者の語りに熱心に耳を傾け、意味深く反応することなのです。そのことはまた、時間のプレッシャーや行政の要求が何であれ、それを為すべき能力と臨床力、技術と信頼を学生たちが身に着けなければならないことをも意味しています。しかし、多くの若手臨床医は、さまざまな場面で、疲労、うつ、不安、そしてバーンアウトに苦しんでいます。このことは、医学の世界では広く共有された認識と言えます。研修医としての責任は、その立場に伴う不安定さを増大させるのです。また一方で、研修医に向けられる期待が増幅することもあります。このようなことが起こると、研修医はほんとうによく見くびられたり、脅迫されたり、さらには上級医から嫌がらせを受けたりするのです。人手不足のなかで働くことを余儀なくされたり、臨床の仕事ではなく医療機器の請求といった管理業務をさせられたりするのです。そうなると、研修医は自分が経験していることに不安を抱くようになります。このようなことが明るみに出たり悪化の一途を辿ったりすると、研修医にとってはそれがスティグマとなり、精神的不調に陥ったりすることがあるのです。

こうしたことのすべては、安心感、知識、技術を求めるひとたちのために現前性《プレゼンス》を発揮する能力を損なってしまいます。新しい世代の医療者を教育し指導するのは、われわれの責務です。重大な責任があるのです。それを果たすためには、新たな世代に対して現前性《プレゼンス》を発揮する能力が必要なのです。

院内感染や医療過誤といった、患者にとって有害な影響に対処するためにヘルスケアが生まれ、その質や安全性は徐々に成文化されて施行され、患者と施設を保護するために定期的な改訂が行われています。査定、監査、評価カード、そして臨床ガバナンス・レポートはすべて、危険性の監視と対応に重要な役割を果たしています。ただ、医療者と患者の治療関係および医療機関の価値観や理念に見られるように、ケアの質を数値化して評価することはそれほど簡単ではありません。ケアの質を測定する直接尺度は、主観的現実と対人関係のプロセスにおける現前性《プレゼンス》を評価することになります。そのような尺度はいまのところまだありませんが、それを作成するには、健康システム研究の領域でいまや正当に評価されつつある質的な民族誌および臨床プロセス尺度が必要となってくるでしょう。どうして、ケアの質の評価において、このことがヘルスケア制度の中心的関心事にならないのでしょうか。そのことを十分に理解するのは、教育的なことだと言うこともできます。

現代は、経済的かつ経営的な要請が主導権を握っていますが、その背後にはある価値観が潜在しているのです。現前性《プレゼンス》の情動的かつ道徳的・人間的な重要性は、それに対する明白な挑戦と言うことができます。エビデンスに基づいた医学のイデオロギーは、ケアの特質を軽んじながら、臨床的体験と癒やしのアート（テクネー）の知を隠蔽しています。この嘆かわしい状況には、どんな正論も科学的根拠もありません。そのイデオロギーは、医学のアート（テクネー）のなかのもっとも人間的なものに向けられた政策の結果なのです。プログラム化されたいじめ、そして官僚的な敵意なのです。しかしそれは、医師たちの手によって為された結果なのです。敵はわれわれなのです。われわれは何のために最善を尽くすのでしょう。患者と家族が求めていることは何なのでしょう。そのことを主張することができなかったのです。ケアの終焉を迎えたいま、歴史は、過去の医学のイデオロギーに共謀するような過ちを犯すことはないでしょう。われわれの大多数は現前性《プレゼンス》の重要性にこころを向け続けてきました。そのことは、アルゴリズム医学の悲惨な実践がいかにして患者と医療者の苦悩に向き合うヘルスケアを支配するようになったのかを理解するひとつの例となるでしょう。ケアを実践する医師はまだたくさんいるのです。ですから、そのような若手の医師たちに、現前性《プレゼンス》の実践に熟練するよう働きかける必要があるのです。ヘルスシステムは、その重要な実践を維持するものでなければなりません。

わたしは、半世紀にわたる臨床の実践に別れを告げましたが、臨床医であることは、わたしにとっては慢性の人格的な欠損から解放されることだったのです。臨床医だったわたしは、臨床医であることによって人間性に関する偉大な教訓を学び、豊かで深い人生経験を味わってきました。それは、少なからず、他者そして自分自身にさらなる現前性《プレゼンス》を体験させることになったのです。

あとがき

心理臨床家としてこれまで考えてきたことを、とくに分水嶺のときの心理臨床感覚を手がかりにしながら、いまの心理臨床を生きている自身を語ってきた。これまでの心理臨床に息苦しさを感じていたときは、ロサンゼルスでの教育分析を経て、自分なりの手応えを掴んでほどなくやってきた。手応えを掴んだそのなかに、新たな種子が宿っていたのだろう。ちょうどその頃、ある学会のシンポジウムにおいて、加藤清《かとうきよし》（図15）と出会ったことは、わたしの心理臨床人生に大きな影響を与えている。そのときの議論はいまも鮮明に覚えているが、次の文章がその骨子である。(1)

癒しという文字の象形をじっと見ていると、なるほどと気づく。まず、字の中心にある月（にくづき）と刂（りっとう）が目につき、刀で肉を切る痛み、苦しみが連想される。肉と刀が一つに合（この字形の内に組み込まれている）わされ、痛み、苦しみが心にしみると、自らの病は癒され、他人の病をも癒していく。またここより傷ついてこそ癒し人も生まれるのであろう。

このような内容が語られたとき、わたしに浮かんだのは「痛み、苦しみが心にしみると」という文節の意である。象形から見れば、「痛み、苦しみ」の下に「心」がある。これは「痛み、苦しみ」を「心」が支えているということではないか。それが「心にしみる」ということではないか。

尋ねてみた。「支える心とは何ですか」。それを受けて加藤清が語ったのは、コスモロジーの世界観であった。そこには、「個」が痛みに耐え、ひととして生きるときにもたらされる世界があった。それがおそらく心理臨床の場での様態なのだろう。いまのわたしの実感である。

古松談般若　幽鳥弄眞如
（苔むした古き松は般若を語り、姿の見えない鳥の声はこの世の真実を語る。万有の調和の世界）

いまになってこのように語っているが、あのときは議論というよりも、ただただその在りように圧倒されたというのが正直なところである。

この書物に書かせていただいた、わたしが出会ったひとたちは、まことにわたしの「癒し人」であった。心理臨床家として四十年余のときを生き、そのことに気づいた。こころの底から、深く感謝申し上げる。

さいごに、個人的なことだが、心理療法の世界が、ひとの生きる価値観や社会の様相との関わり合いのなかで大きく変容しつつあるとき、これまでこの世界で生きてきたひとりとして、どうしても語っておきたいことがあった。また、今年で還暦を迎えたこともあり、自身の臨床観を振り返り、今後の臨床に向かいたいとの想いもあった。さらには、来年三月末をもって、京都大学を早期退職することになり、これ

図 15　精神科医 加藤清　（撮影　田中久美子）

まで自分が考えてきたことを凝縮させてまとめておきたいという想いもあった。こうした想いが、本書の背景にある。

大学院で本格的に臨床家になる訓練を受け始めた翌年、日本心理臨床学会が設立された。したがって、わたしの臨床家としての歩みは、日本の心理臨床学の動向・展開と並行している。二〇一七年には心理学の国家資格として公認心理師法が施行された。心理臨床学も大きな転換期を迎えることになるだろう。

さて、わたしが大学教員になったのは、一九八八年のことであった。その三年後に大学設置基準の大綱化が打ち出され、文部科学省（当時は文部省）の大学にたいする規制が緩和された。いわゆる大学改革の始まりである。当時は大阪市立大学に在職していた。その後、甲南大学を経て、一九九九年に京都大学に奉職した。二〇〇三年に国立大学法人法が成立し、翌年の四月から京都大学も国立大学法人となった。このようにみると、わたしの大学教員人生は高等教育の改革とともにあったと言えるだろう。二〇一八年三月でちょうど三十年、大学教員として生きてきたことになる。人生の半分に当たる年数である。真に感慨深い。

また、わたしが京都大学の学生・研修員であったのは一九七八年から一九八八年の十年間、京都大学の教官・教員になってから二〇一八年三月で十九年の歳月が流れることになり、学生・研修員・教官・教員として、二十九年間、京都大学で呼吸してきたことになる。長い間、京都大学にはお世話になった。三十にして立つであるから、自立にはまだ一年を残しているが、そこはお許し願おう。

このように、人生の大きな節目を迎えて、これまでお世話になったすべてのひとへの御礼も込めて、臨床家として生きてきた軌跡を本書として世に送り出すことになった。けっして、現代の心理臨床学の時流に乗ったものではない。それで良い。わたしにできることは、心理臨床の本質をつねにまなざすことだけである。その本質はときの風潮に流されるものではない。

東山魁夷《ひがしやまかいい》画伯の「道」を眺めている。真っ直ぐ彼方に向かって続くその道ははるか前方でわずかに右へと向きを変える。わたしはどの辺りを歩んでいるのだろう。未だ道半ばなのだろうか。否。本書とともに、ひととして、心理臨床家として、まだ歩みの始まりにわたしは在る。ここでの呼吸を、その体験をたいせつにこころに刻んでこれからも歩んでいきたい。

本書は、拙著すべてに携わってくださっている松山由理子さんの編集による。臨床家としてのわたしの「生きる」を蔭ながら見つめ続けてくださり、おりにふれ執筆の声をかけてくださる松山さんには、とりわけ厚く御礼を申し上げる。

二〇一七年　秋

著　者

註

＊扉の引用は以下の書物からである。若松英輔『生きる哲学』文春新書、二〇一四年、六八頁。

はじめに

（1）皆藤章『生きる心理療法と教育――臨床教育学の視座から』誠信書房、一九九八年。ここで言う「あるひと」とは、この本の第八章「考える葦」で取り上げた「樹《いつき》（仮名）」のことである。

第Ⅰ部

第1章

（1）その出会いはまったくの偶然であった。いきさつについては次の書物に詳しい。アーサー・クラインマン著、皆藤章監訳・高橋洋訳『八つの人生の物語――不確かで危険に満ちた時代を道徳的に生きるということ』誠信書房、二〇一一年〔Kleinman, A.（2006）*What Really Matters : Living a Moral Life Amidst Uncertainty Danger.* Oxford University Press.〕

また、ふたりの出会いを「生きる」軌跡については、次の書物のまとめられている。皆藤章編・監訳、アーサー・クラインマン、江口重幸、皆藤章著『ケアをすることの意味――病む人とともに在ることの心理学と医療人類学』誠信書房、二〇一五年。本書には二〇一四年にクラインマンが来日した際に行ったふたつの講演、江口重幸の論考とわたしがクラインマンに出会うまでの物語、および『ランセット』（*The Lancet*）誌に掲載されたクラインマンの四論文（Catastrophe and caregiving : the failure of medicine as an art. vol. 371, Jan . 5, 22-23, 2008. Caregiving : the Odyssey of Becoming More Human. vol. 373, Jan. 24, 292-293, 2009. Caregiving as moral experience. vol. 380, Nov. 3, 2012. How we endure. vol. 383. Jan. 11, 119-120, 2014.）が収められている。

（2）前掲『八つの人生の物語——不確かで危険に満ちた時代を道徳的に生きるということ』（*What Really Matters : Living a Moral Life Amidst Uncertainly Danger. Oxford University Press.*）。この書の第七章にはクラインマン自身の人生の物語が語られている。また、「付録」には、クラインマンとわたしがハーバード大学アジアセンターのクラインマン研究室で対談した記録が掲載されている。

（3）臨床心理学領域の書物では、「クライエント」「患者」などの呼称を用いるが、本書では可能なかぎりそうした既述を避けている。既存の書物が語る学問的フレームではなく、わたしの臨床が息づく呼称が必要だと考えたからである。

（4）クラインマンがこの表現を用いるのは、前掲『八つの人生の物語——不確かで危険に満ちた時代を道徳的に生きるということ』においてである。

（5）高橋たか子「『内なる城』に学ぶ祈り」『聖母の騎士』第三号、一九九七年、一頁。

（6）女子パウロ会編『ほほえみ　マザーテレサのことば』女子パウロ会、一九八六年。

（7）神谷美恵子『人間をみつめて』みすず書房、一九八〇年、一三一—一三五頁。

（8）このことばを知ったのは、「先生に捧ぐ」と題した島田ひとしの詩からである。それは以下に収められている。神谷美恵子『人と仕事』みすず書房、一九八三年、一六五—一六六頁。

（9）河合隼雄『村上春樹、河合隼雄に会いに行く』岩波書店、一九九六年。一六三—一八八頁。

（10）前掲「『内なる城』に学ぶ祈り」

（11）臨床のモデルについては、河合隼雄の次の議論が示唆的である。河合隼雄『心理療法序説』岩波書店、一九九二年、九—一一頁。

（12）そのことと関連する事例は、本書第2章「バウム・テストとの出会い」。

（13）この詳細は、本書第Ⅲ部で詳述される。

第2章

（1）皆藤章『生きる心理療法と教育——臨床教育学の視座から』誠信書房、一九九八年。

（2）近藤章久『セラピストがいかに生きるか——直観と共感』春秋社、二〇〇二年、一八八—二〇二頁。

（3）この詳細は以下の書物に詳しい。皆藤章『日本の心理臨床4　体験の語りを巡って』誠信書房、二〇一〇年、一〇九頁。
（4）前掲『セラピストがいかに生きるか──直観と共感』二〇一頁。
（5）若松英輔『悲しみの秘義』ナナロク社、二〇一五年、一一三─一一四頁。
（6）明恵のことばについては、以下の書物に詳しい。河合隼雄『明恵　夢を生きる』京都松柏社、一九八七年。
（7）「根源的自律性」については、以下の書物の第七章、加藤清「真の癒しへの黄金の糸」に詳しい。加藤清監修『癒しの森──心理療法と宗教』創元社、一九九六年、一八七─二二五頁。
（8）遠藤周作『沈黙』新潮文庫、一九八一年、二四一頁。
（9）「臨床的想像力 clinical imagination」という概念は、二〇〇五年五月一二日に神戸国際会議場で開催された第四八回日本糖尿病学会年次学術集会における「糖尿病診療における臨床心理の役割と実際──臨床の知の場」と題したシンポジウムのなかで、わたしがはじめて用いたものである。このシンポジウムは、糖尿病医学の領域に臨床心理の必要性をはじめて全国規模で提示したものとして特筆される。当日は、河合隼雄も登壇し、事例研究のコメンテイターおよび講演を行っている。その後、シンポジウムの内容は以下に掲載された。皆藤章「心理臨床と糖尿病臨床との接点」『糖尿病診療マスター』医学書院、第四巻一号、二〇〇六年、六〇─六二頁。また、この概念はその後、臨床家の訓練に必須のものと考えられ、以下の書物でも積極的に用いられている。皆藤章編『心理臨床実践におけるスーパーヴィジョン──スーパーヴィジョン学の構築』日本評論社、二〇一四年。
（10）clinicality はわたしの造語である。「臨床性」とも表現されることがある。「臨床的想像力」を機能させる力と考えることができる。
（11）姉崎一馬『はるにれ』福音館書店、一九八一年。
（12）この体験は、前掲、皆藤章『日本の心理臨床4　体験の語りを巡って』に詳しい。
（13）皆藤章『風景構成法──その基礎と実践』誠信書房、一九九四年。
（14）皆藤章『風景構成法のときと語り』誠信書房、二〇〇四年。
（15）このことについては、以下の書物に詳しい。中井久夫「風景構成法と私」中井久夫著作集別巻、山中康裕編『H・NAKAI風景構成法』岩崎学術出版社、二六一─二七一頁。

(16) 皆藤章「一枚の風景構成法から」山中康裕、齋藤久美子編著『臨床的知の探究（下）』創元社、一九八八年、二一七—二三二頁。

(17) この事例は、以下の書物に収められている。河合隼雄『カウンセリングの実際問題』誠信書房、一九七〇年。

第3章

(1) 宮本常一著『炉辺夜話——日本人のくらしと文化』河出書房新社、二〇〇五年。

(2) 前掲『生きる心理療法と教育——臨床教育学の視座から』

(3) 河合隼雄「医療における人間関係」加我君孝・高本眞一編『医の原点 第5巻 医療と心』金原出版、二〇〇三年、七—三七頁。

(4) 松井孝典「地球の『いのち』」梅原猛・河合隼雄・松井孝典編『いま、いのちを考える』岩波書店、一九九九年、一〇五頁。

第Ⅱ部

第4章

(1) これと関連して、国立がん研究センター中央病院アピアランス支援センター長の野澤桂子は、わたしとの対談の中で、がん患者は、がんによって生活自体が不調になるのではなく、がん以外の健康な部分に働きかけることで生活者としての人生を生きるサポートをすることがたいせつであると指摘したが、まったく同感である。

(2) 皆藤章『生きる心理療法と教育——臨床教育学の視座から』誠信書房、一九九八年、一九二—二五七頁。

(3) 同、一九二—二五七頁。

(4) 同、一九二—一九三頁。

(5) 加藤清「真の癒しへの黄金の糸」加藤清監修『癒しの森』創元社、一九九六年、一九六—一九七頁。

(6) 前掲『生きる心理療法と教育——臨床教育学の視座から』一九三—一九四頁。

(7) 同、二〇〇—二〇一頁。

(8) 河合隼雄『心理療法序説』岩波書店、一九九二年、一四—一五頁。

(9) 前掲『生きる心理療法と教育――臨床教育学の視座から』二〇二頁。

(10) 皆藤章「風景構成法からみた心理療法過程――幻聴に苦しむ男性」皆藤章『風景構成法――その基礎と実践』誠信書房、一九九四年、一八五頁。

(11) 前掲『生きる心理療法と教育――臨床教育学の視座から』二〇九―二一六頁。

(12) 同、二〇四―二一八頁。

(13) 同、二二二頁。

(14) 河合隼雄「『科学は絶対』をやめる」河合隼雄『対話で探る「新しい科学」』講談社＋α文庫、二〇〇一年、二六九―三〇三頁（初出は『河合隼雄対話集』三田出版会、一九九四年）。

(15) 前掲『生きる心理療法と教育――臨床教育学の視座から』二二三―二二四頁。

(16) 同、二二七頁。

(17) Kleinman, A., (2006) *What Really Matters : Living a Moral Life Admist Uncertainty and Danger.* Oxford University Press.〔皆藤章監訳、高橋洋訳『八つの人生の物語――不確かで危険に満ちた時代を道徳的に生きるということ』誠信書房、二〇一一年、一頁〕

(18) 前掲『生きる心理療法と教育――臨床教育学の視座から』二三〇頁。

(19) これ以降の樹《いつき》であった彼女の語りは、すべて彼女の了解を得て、わたしの責任において述べられたものである。

(20) 皆藤章編・監訳、アーサー・クラインマン、江口重幸、皆藤章『ケアをすることの意味――病む人とともに在ることの心理学と医療人類学』誠信書房、二〇一五年、一一一―一一七頁。〔Kleinman A. (2014) How we endure. *The Lancet.* Vol. 383, Jan., 119-120〕

(21) 皆藤章『日本の心理臨床4　体験の語りを巡って』誠信書房、二〇一〇年。この拙著は、恩師河合隼雄が亡くなった後、わたしは臨床家としていかに生きていくのか、その彷徨のなかにあって一筋の道を見出そうとしたものであり、そのなかにアメリカ同時多発テロ事件のことも述べられている。

(22) 前掲「真の癒しへの黄金の糸」。なお、加藤清は技芸としての心理療法を論じるなかで、「根源的自律性」は「根源的無律性」と表現する方がふさわしいと指摘している（前掲書、二一一―二一二頁）。

第Ⅲ部

はじめに

(1)『糖尿病診療ガイドライン2016』南江堂、二〇一六年、二三頁。

(2)米国糖尿病協会、石井均監訳『糖尿病こころのケア――糖尿病を愛することなんて、もちろんできないけれど』医歯薬出版、一九九九年、ix頁。〔American Diabetes Association, *Caring for the Diabetic Soul*. American Diabetes Association.〕

第5章

(1)河合隼雄「『科学は絶対』をやめる」河合隼雄『対話で探る「新しい科学」』講談社+α文庫、二〇〇一年、二六九―三〇三頁。

(2)河合隼雄×石井均「何が楽しみで生きていくのかがわからないんだ」石井均『病を引き受けられない人々のケア』医学書院、二〇一五年、一四頁。

(3)同、九―一〇頁。

(4)同、三一頁。

(5)クラインマン著、江口重幸、五木田紳、上野豪志訳『病いの語り――慢性の病いをめぐる臨床人類学』誠信書房、一九九六年、六頁。〔Kleinman, A., 1988, *The Illness Narratives : Suffering, Healing and the Human Condition*. New York, Basic Books.〕

(6)同、iii頁。

(7)以下の論文を全面改稿した(皆藤章「食べることの意味とこころ」『糖尿病診療マスター』第一四巻、第六号、二〇一六年、四一八―四二三頁)。

(8)日本糖尿病学会編・著『糖尿病専門医研修ガイドブック』(改訂第6版)、診断と治療社、二〇一四年、五頁。

(9)同、一七五頁。

(10)石井均「糖尿病のイメージは食事制限?――食事療法を考える」『糖尿病診療よろづ相談』メジカルビュー社、二〇一〇年、一二頁。

(11) 龍村仁「初女さんへの手紙」佐藤初女『おむすびの祈り』集英社文庫、二〇〇五年、一〇九―一一八頁。
(12) 河合隼雄「見えないものを感じる心」佐藤初女著『こころ咲かせて』サンマーク出版、二〇〇〇年、一三九―二〇〇頁。
(13) 星野道夫『アラスカ　風のような物語』小学館文庫、一九九九年、四一頁。

第6章

(1) 石井均のこと。この当時は天理よろづ相談所病院に勤務していたが、現在は奈良県立医科大学糖尿病学講座教授。この出会いのいきさつは次に詳しい。皆藤章×石井均「先生、きょう、その薬は結構です」石井均『病を引き受けられない人々のケア』医学書院、二〇一五年、二一三―二三五頁。
(2) 皆藤章監訳、高橋洋訳『八つの人生の物語――不確かで危険に満ちた時代を道徳的に生きるということ』誠信書房、二〇一一年、二七三頁。〔Kleinman, A.(2006) *What Really Matters : Living a Moral Life Admist Uncertainty and Danger.* Oxford University Press.〕
(3) 皆藤章編・監訳、アーサー・クラインマン、江口重幸、皆藤章著『ケアをすることの意味――病む人とともに在ることの心理学と医療人類学』誠信書房、二〇一五年、一一一―一一七頁。〔Kleinman, A.(2014) Jan., 11, 119-120〕
(4) 同、二七四―二七五頁。
(5) Kaito, A.(2009) Some Considerations concerning the story and incurable diseases.（「不治の病いと物語を巡る若干の考察」）。未発表論文。わたしがクラインマンに宛てて送ったもので、そのなかに、日本人の宗教性（spirituality）について、その特徴を「あるがまま Aru ga mama」という表現で論じたことを指す。このことはまた、第I部で論じたセンチメンタリズムを超越することと関連している。

補章

(1) 出典：www.the lancet.com.Vol. 389, June 24, 2017, 2466-2467. より許可を得て翻訳。
(2) 訳註：相互作用の秩序とは、ゴフマンが「共存（ふたりないしはそれ以上のひとびとが直面する状況）」と呼ぶ状況のなかで、社会の構成員が従う（あいさつといったような）暗黙の規範や儀礼のことである。The Society Hub. http://sociology.wikifoundry.

com/page/Erving+Goffman

あとがき

（1）加藤清「真の癒しへの黄金の糸」加藤清監修『癒しの森』創元社、一九九六年、二一二頁。

編著・訳者紹介

皆藤　章　（かいとう　あきら）　［まえがき・第１章〜第６章・あとがき］

1957 年　福井県生まれ
1977 年　京都大学工学部入学
1979 年　京都大学教育学部転学部
1986 年　京都大学大学院教育学研究科博士課程修了
1993 年　大阪市立大学助教授
現　　在　京都大学大学院教育学研究科臨床教育学専攻臨床実践指導学講座教授
文学博士　臨床心理士

著訳書　『風景構成法——その基礎と実践』1994、『生きる心理療法と教育——臨床教育学の視座から』1998、『風景構成法の事例と展開——心理臨床の体験知』（共編）2002、『風景構成法のときと語り』（編著）2004、『臨床心理査定技法２』（編）2004、『セラピストは夢をどうとらえるか——五人の夢分析家による同一事例の解釈』（共著）2007、『体験の語りを巡って』2010、『ケアをすることの意味——病む人とともに在ることの心理学と医療人類学』（編・監訳）2015、A・クラインマン『八つの人生の物語——不確かで危険に満ちた時代を道徳的に生きるということ』（監訳）2011、以上誠信書房、『箱庭療法の事例と展開』（共編）創元社 2007、『よくわかる心理臨床』（編）ミネルヴァ書房 2007、『心理臨床実践におけるスーパーヴィジョン——スーパーヴィジョン学の構築』（編）日本評論社 2014、他多数。

執筆者紹介

アーサー・クラインマン（Arthur Kleinman）　［補章］

1941 年　ニューヨーク市生まれ
現　　在　ハーバード大学教授（the Esther and Sidney Rabb Professor）。同大学医学部社会医学科の医療人類学・精神医学教授。
ボアズ賞（アメリカ人類学会が授与する最高の賞）受賞。
アメリカ精神医学会名誉会員。アメリカ芸術科学アカデミー会員。

著　書　『病いの語り——慢性の病いをめぐる臨床人類学』1996、『八つの人生の物語——不確かで危険に満ちた時代を道徳的に生きるということ』2011、以上誠信書房、『臨床人類学——文化のなかの病者と治療者』弘文堂 1992、他多数。

心理臨床家《しんりりんしょうか》のあなたへ――ケアをするということ

2018年2月28日　初版第1刷発行

編著・訳者　皆藤　章
発行者　宮下基幸
発行所　福村出版株式会社
〒113-0034　東京都文京区湯島2-14-11
電話　03(5812)9702
FAX　03(5812)9705
https://www.fukumura.co.jp
印刷　モリモト印刷株式会社
製本　協栄製本株式会社

ISBN978-4-571-24065-2 C3011　落丁・乱丁本はお取替えいたします
定価はカバーに表示してあります